劳动关系法律问题研究

李彦 著

中国水利水电出版社
www.waterpub.com.cn
·北京·

内 容 提 要

　　本书主要结合当前劳动关系的特点研究我国劳动法律制度，主要研究特色表现为：一是对劳动关系相关理论及法律问题进行梳理和深入研究；二是系统介绍了我国现行劳动法律制度，并结合当前我国劳动关系的特点，探讨了立法与司法实践中存在的问题，在此基础上提出了完善建议。

　　本书立足于研究我国劳动法律制度，对劳动关系的基本理论及相关法律问题进行了探讨和研究，重点研究了我国劳动关系的特点、劳动关系的法律调整模式、劳动关系的司法认定、劳动法律关系与事实劳动关系等劳动关系相关理论问题，同时研究了劳动合同法律问题、劳动基准法律问题、劳动争议处理法律问题等劳动关系运行过程中涉及的法律问题。

　　本书适合作为法学专业的本科生及研究生的参考书。

图书在版编目（CIP）数据

　　劳动关系法律问题研究/李彦著. —北京：中国水利水电
出版社，2019.9
　　ISBN 978-7-5170-8093-0

　　Ⅰ.①劳⋯　　Ⅱ.①李⋯　　Ⅲ.①劳动关系—劳动法—研
究—中国　　Ⅳ.①D922.504

　　中国版本图书馆 CIP 数据核字（2019）第 226977 号

书　　　名	劳动关系法律问题研究 LAODONG GUANXI FALÜ WENTI YANJIU
作　　　者	李彦　著
出版发行	中国水利水电出版社 （北京市海淀区玉渊潭南路 1 号 D 座　　100038） 网址：www.waterpub.com.cn E-mail：sales@waterpub.com.cn 电话：（010）68367658（营销中心）
经　　　售	北京科水图书销售中心（零售） 电话：（010）88383994、63202643、68545874 全国各地新华书店和相关出版物销售网点
排　　　版	京华图文制作有限公司
印　　　刷	三河市元兴印务有限公司
规　　　格	155mm×230mm　16 开本　10.75 印张　157 千字
版　　　次	2020 年 1 月第 1 版　2020 年 1 月第 1 次印刷
印　　　数	0001—2000 册
定　　　价	49.00 元

前　　言

　　劳动是人类生存和发展的基础。马克思说："任何一个民族，如果停止劳动，不用说一年，就是几个星期，也要灭亡。"劳动关系是最基本的社会关系，"劳动关系"问题是各国经济与社会发展过程中的重大问题，各国学者对"劳动关系"的研究成果丰富、研究视角多样。近年来，我国经济社会各个领域都发生了深刻变化，经济全球化、资源共享化等发展趋势对劳动关系影响深远，劳动用工方式更加灵活，劳动者的流动性增强，对用人单位的人身依附性减弱，劳动力与生产资料结合的方式更加多样化，等等。这些问题给我国现行劳动法理论与实践提出了前所未有的挑战，引起了劳动法理论界的热议；现行立法的滞后与相关制度的缺失也造成了法院裁判结果的混乱与政府监管的失灵。

　　本书主要立足于研究我国劳动法律制度，试图介绍劳动关系运行中涉及的相关法律问题，并进行了浅显的分析。主要内容来源于笔者多年来劳动法学教学研究的总结和 2017 年承担的河南省软科学研究计划项目"'互联网+'背景下劳动关系法律问题研究"。本书的主要研究特色有：第一，系统介绍了我国调整劳动关系的主要制度，包括劳动合同制度、劳动基准制度、劳动争议处理制度等；第二，对各项制度执行过程中存在的法律问题提出了完善建议。研究思路主要从理论研究出发，探讨了劳动关系的新特点、劳动关系法律调整模式、劳动关系的司法认定等。在此基础上，研究了劳动合同制度、劳动基准制度、劳动争议处理制度中的主要法律问题，并初步提出了完善建议。

　　随着社会经济形势的变化，劳动关系也不断发展。劳动关系的发展变化必然要求与之相适应的法律制度的完善，但是这种完善不是同步进行的，需要一个逐步适应的过程。本书对劳动关系法律问题提出的建议尚有很多不足之处，笔者将在以后的研究中进一步完善，希望能对我国劳动关系相关法律问题的处理提供参考。

李　彦

2019 年 6 月于华北水利水电大学

作者简介：

　　李彦，女，山东济宁人，现任华北水利水电大学法学院教师，主要研究方向为劳动法学与社会保障法学。近年来，参编、参著《劳动法与社会保障法》《劳动法实务研究》《河南省全面推进依法治省研究》等多部教材、著作，发表学术论文十余篇，主持完成省厅级科研项目四项，校级重点项目三项，参与完成省部级科研项目十余项。

目　　录

第一章 劳动关系基本理论

第一节　劳动关系概述

一、劳动关系的概念

劳动关系是社会关系的组成部分，是基本的社会关系。通常意义上的劳动关系是指人们在从事劳动过程中发生的社会关系。"劳动"是我们日常生活中使用频率较高的词语，几乎遍及社会生活的各个方面。劳动是人类生存发展的基础，在劳动过程中，人们不仅与自然界发生关系，还要与其他人发生关系，但并非所有的与"劳动"有关的关系都是本书所讨论的"劳动关系"。在此，本书仅讨论受劳动法调整的"劳动关系"。那么，什么是"劳动关系"？我国劳动法理论界及立法均未给出明确的定义。

准确理解"劳动关系"的概念，首先要把握"劳动"的含义。众所周知，作为独立法律部门的现代劳动法是随着经济社会的发展，生产劳动发展到社会化劳动阶段产生的。在社会化劳动阶段，劳动者被组织起来，各有分工，相互协作，共同劳动，创造社会财富，在此基础上，产生了专门调整这种劳动关系的法律部门——劳动法。劳动法意义上的"劳动"不同于一般的"劳动"。根据我国台湾地区著名的法学家史尚宽先生的观点，劳动法上的"劳动"须具备以下要件：①为法律的义务之履行；②为基于契约的关系（而民法上基于夫妇关系即亲子关系之劳动非劳动法上之劳动）；③为有偿的；④为有职业的；⑤为在于从属的关系。由此，"劳动法上劳动为基于契约上义务在从属的关系所为之职业上有偿的劳动。"① 根据史尚宽先生对"劳动"含义的阐释，劳动关系概念中的"劳动"指的是劳动者为谋生而从事的从属于雇佣者的社会化的劳动。在社会化劳动中，劳动者与劳动力的使用者发生的劳动力转移与使用关系就是劳动法意义上的劳动关系。

综上所述，笔者认为，劳动关系是指劳动力的所有者在运用劳动能力、实现社会劳动的过程中与劳动力使用者之间发生的社会关系。在我国，劳动关系具体表现为劳动者与用人单位之间发生的劳动力使用关系。

二、劳动关系的法律特征

劳动法意义上的劳动关系不同于其他与劳动有关的关系，具体而言，劳动关系具有以下特征。

（一）劳动关系主体的特定性

劳动者在从事社会劳动的过程中发生劳动关系，主体一方是劳动者，另一方是用人单位。劳动者是劳动力的所有者，即具有劳动能力、参加社会劳动的自然人。用人单位是指生产资料的所有者或经营管理者，同时也是劳动力的使用者，包括企业、事业单位、国家机关、社会团体、个体经济组织等。劳动者提供劳动力与用人单位的生产资料相结合，完成劳动过程。劳动者的劳动力与他人的生产资料相结合，在这一过程中，劳动力的

---

① 史尚宽. 劳动法原论 [M]. 北京：正大印书馆，1934：1

所有权与使用权相分离，产生社会劳动关系，这是社会劳动关系产生的前提。如果劳动力与生产资料的结合是自我结合，如农村村民的联产承包、个体劳动者自己的劳动等，都不是劳动关系。

（二）劳动关系与劳动过程的紧密相连性

劳动关系的产生是与劳动过程紧密相连的，只有劳动者进入用人单位，在用人单位的统一安排下，将自己的劳动力与用人单位的生产资料相结合，使劳动对象发生形态的变化及价值的增加，才能发生现实的劳动关系。如果劳动者与他人发生的关系中不存在劳动力与他人生产资料的结合，而仅是生产出的劳动产品与他人交换，虽然也与劳动有关，但不是劳动过程中发生的劳动关系，而是劳动产品的流通关系，例如，农民把自己种植的粮食、蔬菜在市场上销售而与购买者之间发生的关系，作家把自己的作品交给出版社出版而与出版社之间发生的关系，等等，都不是劳动关系。

（三）劳动关系以劳动给付为目的

劳动者与用人单位之间建立劳动关系的主要内容是劳动者将自己的劳动力与用人单位的生产资料相结合，在用人单位的统一安排下进行社会劳动，创造劳动成果，用人单位对付出劳动的劳动者支付相应的劳动报酬。因此，对于劳动者来讲，与用人单位建立劳动关系的主要目的是劳动给付，而不是劳动成果的给付。

（四）劳动关系兼具平等性与隶属性

劳动关系的平等性是指劳动者与用人单位建立劳动关系时，双方的法律地位平等。改革开放以来，随着我国劳动用工制度的改革和劳动力市场的建立，劳动力资源的配置也由原来计划经济体制下国家行政配置，转变为用人单位与劳动者双向选择的市场配置。因此，劳动者与用人单位建立劳动关系，是在平等、自愿、自由协商的基础上建立起来的。劳动关系的隶属性是指劳动者在提供劳动时隶属于用人单位。在劳动关系运行过程中，劳动者的劳动力由用人单位统一支配，劳动者必须服从用人单位的指挥，听从用人单位的调配，遵守用人单位的劳动纪律和规章制度。这就与用人单位之间形成了一种管理与被管理的隶属关系。

（五）劳动关系兼具人身性与财产性

劳动者与用人单位之间的劳动关系首先是区别于民事契约关系的人身关系，劳动者向用人单位提供的劳动是劳动者的一项生理机能。劳动者向用人单位提供劳动的过程也是劳动者体力、脑力消耗的过程，劳动者的生存一定程度上依附于用人单位；同时，劳动者需要通过劳动来换取生活资料。因此，劳动关系也是劳动者向用人单位付出劳动力换取劳动报酬的交换关系。这又体现了劳动关系的财产性。

三、劳动关系与相关概念之辨析

（一）劳动关系与雇佣关系

雇佣关系是从英文 employment relation 翻译过来的，我国立法中并未使用"雇佣关系"这一用语。多数市场经济国家中，"雇佣关系"与"劳动关系"这两个名词是混同使用的。简单来讲，雇佣关系是指雇员与雇主约定，由雇员为雇主提供劳务，雇主支付报酬而发生的社会关系。我国多数学者认为雇佣关系与劳动关系是种属关系，即雇佣关系是劳动关系的一部分。随着社会发展，这一部分雇佣关系需要由专门的法律加以调整，于是，劳动关系从雇佣关系中分离出来，由劳动法加以调整。雇佣关系的主体一方是雇主，另一方是雇员，雇主与雇员之间形成劳务与报酬的交换关系。但是，这里的雇主可以是法人、非法人组织和个人，如自然人或家庭。在我国，根据《中华人民共和国劳动法》（以下简称《劳动法》）的规定，劳动关系中的"雇主"只能是单位，而不包括个人。这样，传统意义的雇佣关系在我国《劳动法》颁布之后分割成两种关系：一种是受《劳动法》调整的雇佣关系，即劳动关系；另一种是不受《劳动法》调整的雇佣关系，例如自然人雇主与雇员之间的关系；家庭雇主和保姆之间的关系等。由此可见，劳动关系本质上属于雇佣关系的范畴，只是劳动法把一部分雇佣关系纳入了劳动法的调整范围，另一部分未纳入劳动法调整的雇佣关系，适用民法。劳动关系与雇佣关系虽有区别，但本质上是一致的，其共同点表现为以下几个方面：

（1）主体所处的法律地位一致。劳动关系的主体是劳动者与用人单位，雇佣关系的主体是雇主和雇员。虽然两种关系主体所涉及的范围不同，但主体所处的法律地位具有一致性。在劳动关系中，劳动者与用人单位之间在建立劳动关系时，双方的法律地位是平等的，但在劳动关系运行过程中，劳动者与用人单位之间的关系又具有隶属性。雇佣关系主体之间的法律特征同样表现出兼具平等性和隶属性的特征。在雇佣关系建立时，雇员与雇主之间的法律地位是平等的，但是，在雇佣关系运行时，雇员要服从雇主的管理，即这种关系又具有隶属性特征。

（2）当事人之间关系的内容属性一致。劳动关系与雇佣关系的内容都具有人身性与财产性相结合的特征。这两种关系首先都是以财产性为基础，即劳动者和雇员通过转移自身劳动力换取劳动报酬，用人单位和雇主通过组织劳动者和雇员的劳动过程，实现了自身的利益，这是一种财产性的关系。同时，劳动者和雇员在从事劳动的过程中，其人身依附于用人单位和雇主，受到一定的限制，使得这种关系又具有了人身性特征。

（3）劳动力与生产资料结合的方式一致。劳动关系与雇佣关系中，劳动者与雇员提供劳动的过程都是把本人的劳动力与他人（用人单位或雇主）的生产资料相结合，生产出劳动产品的过程。在这一过程中，劳动者和雇员转移的是自己的劳动力而不是劳动成果，这一点，二者是一致的。

（二）劳动关系与劳务关系

劳务关系是指两个或两个以上的平等主体之间根据口头或书面约定、由劳动者向用工者提供一般性的或特定的劳动服务。用工者依约支付报酬的一种有偿服务的法律关系①。劳务关系是一种平等主体之间的民事契约关系，如基于运输、保管、仓储、加工承揽、委托、行纪、居间等合同建立的关系都是劳务关系。劳动关系与劳务关系虽然都以提供劳务为主要特征，但这是两种完全不同的社会关系，其区别体现在以下几点：

（1）主体不同。劳动关系的主体一方是劳动者，另一方是招用劳动者的用人单位，而劳务关系是两个或两个以上平等主体之间的契约关系，其主体是不确定的，可能是法人或其他组织之间的关系，也可能是法人或其他组织与自然人之间的关系，还可能是自然人之间的关系。

（2）主体之间的法律地位不同。劳务关系是劳动者与用工者在平等、自愿的基础上建立的，一方提供劳务，另一方支付报酬的仅具有财产属性的经济关系。在劳务关系的建立和运行过程中，主体之间的法律地位始终是平等的，不存在隶属性。而劳动关系在建立时，主体之间的法律地位是平等的，劳动关系一经建立，劳动者与用人单位就形成了职责上的隶属关系。

（3）受国家干预程度不同。劳务关系的建立和运行以意思自治为基本原则，双方当事人完全可以自由决定劳务合同的内容及相应的条款，国家对劳务关系的干预较少。劳动者作为劳动关系的一方主体，相对于另一方主体"用人单位"而言，始终处于弱势地位。为了保障劳动者的合法

---

① 李长健. 论劳动关系的异化：兼论事实劳动关系与劳务关系的区别 [J]. 华中农业大学学报（哲学社会科学版），2004（4）：68-71

权益，国家通过立法强制规定了双方当事人的部分权利和义务，同时制定了当事人需要遵守的劳动标准。劳动关系的建立和运行不仅要遵守劳动合同，还要遵守法律的强制性规定和劳动标准。因此，劳动关系受国家干预程度要强于劳务关系。

（4）劳动力与生产资料的结合方式不同。在劳务关系中，劳动者提供劳务的过程是自己的劳动力与自己的生产资料相结合为他人提供服务的过程；劳动关系中，劳动者提供劳动是把自己的劳动力与用人单位的生产资料相结合。

（5）法律适用不同。劳务关系属于民事关系的范畴，其建立、运行、终止等主要适用《中华人民共和国合同法》（以下简称《合同法》）的相关规定。劳动关系是劳动法的调整对象，其建立、运行、终止等主要适用《劳动法》和《中华人民共和国劳动合同法》（以下简称《劳动合同法》）的相关规定。

通过以上概念辨析可见，理论上，劳动关系与雇佣关系是种属关系，劳动关系是雇佣关系的下位概念；劳动关系与劳务关系是并列概念，二者互不隶属。根据我国立法规定，劳动关系由《劳动法》加以调整，其他雇佣关系一部分纳入了《中华人民共和国公务员法》（以下简称《公务员法》）的调整范围，如国家机关与公务员之间的关系；一部分纳入了民法的调整范围，如自然人用工和家庭用工。

第二节　当前我国劳动关系的特点

改革开放以来，中国的经济发展经历了从计划经济向社会主义市场经济的转变，劳动力资源的配置方式也从行政配置转变为市场配置。社会主义市场经济体制的深入发展深刻影响到劳动关系的发展。当前我国正处于经济社会转型时期，经营方式、生活方式、价值观念等方面的变化，直接影响到劳动关系的变化，尤其是进入共享经济发展时代，劳动关系呈现出一些新特点。

一、主体身份定位的模糊性

传统劳动关系的主体一方是劳动力的所有者，即劳动者；另一方是劳动力的使用者，即用人单位。用人单位作为生产资料的所有者和社会生产的组织者，在劳动过程中，对劳动者有指挥、监督、管理权，劳动者通过提供劳动，从用人单位处获取劳动报酬。劳动者与用人单位之间的关系是一种管理与被管理的从属性的社会关系。而在当前社会环境下，劳动关系发生了变化：一方面，企业组织生产的模式发生了变化，随着当前共享经济发展模式的形成，"共享"的理念深入人心。企业受到共享发展理念的影响，通过互联网平台组织生产要素，管理模式和管理结构发生了重大变化，在传统的劳动关系中，劳动者与用人单位通过劳动力市场建立关系，用人单位通过单位内部的层级关系实现对劳动者的管理与控制，劳动者通过向用人单位提供劳动获取报酬。而在当前管理模式下，很多企业对劳动者的管理与控制是通过网络实现的，管理层级较少，管理结构比较简单。另一方面，新出现的互联网平台企业中，劳动者通过互联网平台提供劳动，平台企业作为劳动者劳动机会的提供者，与劳动者之间的关系呈现复杂性的特点。劳动用工复杂化的发展趋势，使得相关主体身份定位呈现模糊性的特点。

二、劳动关系的松散性

传统的劳动关系最显著的特征是从属性，用人单位是社会生产的组织者，劳动者在用人单位的指挥下提供劳动，遵守用人单位的劳动规则，服从用人单位的管理。这种从属性包括身份从属性、组织从属性和经济从属性。而当前经济发展形势下，为了适应经济发展和资源配置的需要，劳动关系的基本要素发生了变化，劳动者与用人单位之间的劳动关系也由"从属性"向"松散性"的趋势发展。这种"松散性"体现在以下方面：

（1）在身份从属性方面，企业通过互联网平台组织生产，实现对劳动者的用工管理，管理方式呈现灵活性的特点，用人单位对劳动者的管理方式发生了变化，劳动者在提供劳动时自主性增强，对用人单位的人身依附性减弱。例如，网约车司机与网络平台之间通过在网络平台客户端注册建立劳动关系，司机通过网络平台为顾客提供服务，网络平台通过网络对司机进行管理与监督。在这种用工模式下，劳动用工管理的层级结构呈现简单化的发展趋势，传统劳动关系所具有的身份从属性特征逐步弱化。

（2）在组织从属性方面，劳动者提供劳动可以不受工作时间和工作场所的限制，而只是按照用人单位要求的工作内容完成劳动任务；企业为了提高劳动效率、节约劳动用工成本，对劳动者的管理不再局限于对劳动者劳动过程的控制，而更重视劳动效果。

（3）在经济从属性方面，劳动者对用人单位的经济依赖性减弱。传统的劳动关系中，用人单位是生产资料的提供者，劳动者是劳动力的提供者，劳动的过程就是劳动者把自己的劳动力与用人单位的生产资料相结合，生产出社会产品的过程。随着经济的发展和科技的进步，生产资料在组织社会生产过程中的地位逐步下降，劳动者提供劳动时与生产资料结合的方式更加灵活，很多劳动者提供劳动时不再依赖于用人单位的生产资料。而是自己提供生产资料。例如，网约车司机通过打车平台向客户提供运输服务时，使用自己的私家车。这就导致劳动者对用人单位的经济依赖性逐步减弱。

三、劳动用工的灵活性

传统的劳动关系形成于大工业时代，为了适应社会化大生产的需要，劳动者需集中在固定的生产地点，在规定的工作时间内，在雇主的统一安排下提供劳动，企业所有的生产环节都在企业内部，劳动者提供劳动的时间、地点和方式都由用人单位统一安排。当前经济发展形势下，为了提高生产效率，以最快捷的方式连接生产与销售，企业改变了经营模式，部分生产环节由内部转向外部。企业生产经营模式的变化也使劳动用工模式发生变化，劳动者提供劳动的时间、地点及劳动报酬的支付方式都呈现出灵活性的特征。

（一）工作时间的灵活性

传统的用工模式中，劳动者为了适应企业组织生产的需要，提供劳动的时间往往是固定的，适用标准的工作时间制度。例如，我国《劳动法》第 36 条规定，劳动者平均每天的工作时间不能超过 8 小时，平均每周的工作时间不能超过 44 小时。同时，还严格限制了延长工作时间的程序和时数，并对劳动者延长工作时间的待遇做了规定。而当前形势下，网络作为重要媒介连接了社会各行各业，社会经济结构与企业的经营模式都发生了重大变化，第三产业迅猛发展，在国民经济结构中的比重增加。第三产业的发展，对传统的集体化的劳动方式造成了冲击，改变了原来集体化劳动中对工作时间的严格限制，劳动者劳动的自主性增强，劳动时间的限制减弱，劳动者的工作时间呈现灵活化、弹性化的发展趋势。例如，很多服务性企业是全天 24 小时向客户提供服务的，企业劳动者也是采取轮流工作、轮流休息的弹性工作制度，不可能像传统的劳动用工那样，实行标准工作时间制度。另外，由于工作时间的灵活性，很多劳动者选择与一个或一个以上的用人单位建立劳动关系，多重劳动关系大量存在。

（二）工作场所的非固定性

在传统的劳动关系中，生产资料是由用人单位掌握的，劳动者提供劳动时必须限制在用人单位指定的工作场所内，工作场所相对固定。当前，用人单位为了提高劳动效率、节约生产成本，组织劳动的方式发生了变化，劳动者劳动时不再局限于某个固定的场所。例如，网络平台企业用工时，劳动者通过平台接受劳动任务，工作地点取决于提供服务的地点。

（三）劳动报酬支付方式的多样性

在传统劳动关系中，用人单位直接现场组织劳动者进行社会劳动，通过企业内部的规章制度对劳动者的劳动过程和劳动效果进行考核，工资构成包括基本工资和辅助工资，辅助工资又包括奖金、津贴和补贴等。在劳动报酬的支付方式上往往采取计时工资和计件工资相结合的方式。例如，我国《劳动法》规定了工资的支付方式、支付周期、最低工资保障等制度。随着互联网技术的广泛应用，劳动关系突破了时空的限制，劳动者的劳动自主性增强，用人单位对劳动过程的控制性减弱，劳动报酬的分配和支付方式也发生了重大变化。在劳动报酬的分配上更加注重劳动者的劳动质量，在计酬标准上，按小时计酬或按工作量计酬的方式普遍存在。以我们常见的网约车为例，司机的劳动报酬由网络平台根据其工作量来计算，在支付周期上，很多网络平台采取按交易提成的方式，由司机从每笔交易中直接收取业务提成，而不再按照固定的时间结算。

第二章　劳动关系的法律调整

第一节　劳动法的基本原则

劳动法的基本原则是指劳动法在调整劳动关系时集中体现在立法、司法、执法中的根本准则，是劳动法规范体系的基本指导思想。法的基本原则是法的要素之一，法律对社会关系的调整主要通过法律规则的具体适用，法律原则的主要作用是指引法律规则的形成和弥补法律规则的漏洞。学界关于劳动法基本原则的内容，观点各异。有学者认为，劳动法的基本原则包括维护劳动者合法权益与兼顾用人单位利益相结合的原则、贯彻按劳分配为主的多种分配方式与公平救助相结合的原则、坚持劳动者平等竞争与特殊劳动保护相结合的原则、实行劳动行为自主与劳动标准制约相结合的原则。[①] 有学者认为，劳动法的基本原则包括社会正义原则、劳动自由原则与三方合作原则。[②] 还有学者认为，劳动法的基本原则包括劳动既是公民权利又是公民义务原则、保护劳动者合法权益、劳动力资源合理配置原则。[③] 以上关于劳动法基本原则的表述都有一定的合理性，但基本原则的本质属性是内容的根本性和效力的贯穿始终性，以上观点中，有的原

---

① 　郭捷. 劳动与社会保障法 [M]. 北京：中国政法大学出版社，2004：22-26
② 　周长征. 劳动法原理 [M]. 北京：科学出版社，2004：27-44
③ 　王全兴. 劳动法 [M]. 北京：法律出版社，2004：27-44

则并不具有这些特征。笔者认为，劳动法主要有以下几项基本原则。

一、劳动自由原则

劳动自由原则是指劳动者按照自己意愿决定是否参加社会劳动的权利；根据自身特长、兴趣、爱好选择职业的权利。① 首先，劳动自由是劳动法诞生的基础，现代意义上的劳动法产生于自由资本主义时期，蓬勃发展的工业革命推动了社会化劳动的发展，促进了劳动力市场的形成，劳动者靠转让劳动力的使用权获取生活资料。劳动力成为商品在市场上进行交易的前提条件是劳动者能够自由支配自己的劳动力。其次，劳动自由原则由劳动权的性质决定。劳动权是人权范畴的权利，劳动自由是劳动权的重要内容，同时也是人权制度的基石。劳动自由原则体现在劳动立法上，主要表现在以下两个方面：

（1）劳动契约自由。劳动自由原则体现在劳动合同立法领域，表现为契约自由，即劳动者择业自由与劳动者辞职自由。首先，《劳动法》第3条规定了劳动者有选择职业的权利，劳动者可以自主决定是否与用人单位签订劳动合同，也可以自主选择某一用人单位签订劳动合同。其次，劳动者有辞职的自由。《劳动合同法》第37条与第38条明确了劳动者的辞职权，并规定了劳动者辞职权形式的程序。《劳动合同法》第25条明确限制用人单位对劳动者适用违约金责任，进一步保障劳动者自由辞职权的行使。

（2）禁止强迫劳动。劳动自由原则在劳动保护立法领域，体现为禁止强迫劳动。劳动者的劳动力是具有人身属性的商品，任何情况下都应由劳动者自主决定是否提供劳动，我国《劳动法》第96条与《劳动合同

---

① 刘俊. 劳动与社会保障法学 ［M］. 北京：高等教育出版社，2018：21

法》第 88 条都规定了禁止用人单位强迫劳动的义务，《中华人民共和国刑法》中规定了强迫劳动罪等，这些都是劳动自由原则的体现。

二、劳动者权益保障原则

劳动者权益保障原则是指倾斜保护劳动者的合法权益，或对劳动者的合法权益实行特别保护制度。我国《劳动法》第 1 条规定："为了保护劳动者的合法权益，调整劳动关系，建立和维护适应社会主义市场经济的劳动制度，促进经济发展和社会进步，根据宪法，制定本法。"这一条款不仅明确了劳动法立法的目的，同时还体现了劳动法的价值取向。对劳动者的合法权益实行倾斜保护原则，是由劳动关系的从属性决定的，劳动关系区别于民事关系最显著的特征，就是从属性。在劳动关系运行的过程中，劳动者始终从属于用人单位，劳动者的合法权益容易受到用人单位的侵害。对劳动者倾斜保护是为了纠正这种实质的不平等，保护劳动者的合法权益，实现实质的社会公平。但是倾斜保护劳动者，并非不顾及用人单位的权益，倾斜保护有"度"的限制，这个"度"是不能忽视或损害用人单位的合法权益，是在维护劳动者与用人单位双方合法权益的基础上，一定程度上倾斜保护劳动者的合法权益。劳动者权益保障原则在劳动立法上，主要体现在以下两个方面：

（1）确定了劳动者权利倾斜保护的规范体系。劳动法对劳动关系调整的全过程都体现了对劳动者权益的特殊保护。首先体现在劳动合同制度上，立法限制了劳动合同的内容，将劳动合同内容分为法定条款与约定条款，并限制了部分约定条款约定的条件，如限制了试用期的期限、限制了违约金的适用等。另外，劳动合同立法中对劳动者的特殊保护还体现在解雇保护制度上。在劳动合同的解除方面，劳动者与用人单位并非享有对等的解除权，为了保护劳动者的合法权益，立法对用人单位单方解除劳动合同做了严格限制。

（2）形成了劳动者特殊的权利救济制度体系。在劳动者权利救济方面，对劳动者的倾斜保护体现在劳动争议处理制度中。具体表现为：一是劳动争议处理举证责任的分配上，实行举证责任倒置。《中华人民共和国劳动争议调解仲裁法》（以下简称《劳动争议调解仲裁法》）第6条规定，"发生劳动争议，当事人对自己提出的主张，有责任提供证据。与争议事项有关的证据属于用人单位掌握管理的，用人单位应当提供；用人单位不提供的，应当承担不利后果。"这就确立了审理劳动争议案件，特殊情况下实行举证责任倒置的举证规则，从而增强了劳动者的举证能力，有利于保护劳动者的合法权益。二是对部分案件实行"一裁终局"，限制用人单位的诉讼权利而不限制劳动者的诉讼权利，从而避免了用人单位滥用诉讼权利的情况，有利于保障劳动者权利得到及时救济。

三、劳动协调原则

劳动协调原则是指通过对劳资双方利益的协调，实现劳动关系和谐发展。劳动关系协调既是一种状态，也是劳动法调整劳动关系的方法。劳动关系是劳资利益互相依存的社会关系。劳动者与用人单位虽然存在利益冲突，但劳动关系运动过程是劳动者在用人单位指挥、监督、管理下完成社会劳动的过程，这一过程中劳动者从用人单位处获取劳动报酬维持其生活，用人单位依靠劳动者付出劳动来创造利润，双方又是一个利益共同体。因此，应当通过立法协调劳动者与用人单位之间的关系，平衡双方利益，促进劳动关系的和谐发展。劳动协调原则在立法上，主要体现在以下方面：

（1）集体协商法律制度。集体协商法律制度是协调劳动关系的重要法律制度，是指劳动者一方代表与用人单位就劳动报酬、工作时间、休息休假、劳动安全卫生、保险福利等事项，在平等、自愿基础上进行协商，签订集体合同的制度。我国《劳动法》《劳动合同法》《集体合同规定》《工资集体协商试行办法》等法律文件对集体协商制度做了规定。

（2）三方协商机制。劳动关系协调原则还体现在政府、用人单位与劳动者三方协商机制上。政府一方可以充分发挥在劳动关系协调中的地位优势，三方在劳动立法或劳动基准制定过程中发挥独特作用，从源头上预防劳动争议发生。

（3）劳动争议处理制度。劳动协调原则体现在劳动争议处理制度上表现为《劳动争议调解仲裁法》确定了劳动争议的调解、仲裁制度，明确了法定调解组织，建立了专门的劳动争议仲裁机构。

第二节　劳动关系的法律调整模式

一、劳动关系法律调整模式概述

法律调整模式是指法律调整社会关系的方式、方法的具体形式。[1] 法律调整模式是由其所调整的社会关系决定的，社会关系性质不同，法的调整方法不同，自治的调整方法适用于涉及个体利益的私法关系，管制的调整方法适用于涉及国家利益或公共利益的公法关系。林嘉教授认为，法律

---

[1]　林嘉，范围. 劳动关系法律调整模式论——从《劳动合同法》的视角解读［J］. 中国人民大学学报，2008（6）：107

调整模式差异的本质是"利益","基于对个体利益和社会利益的考量，劳动法确立了个体自治、团体自治和国家强制三大调整模式"。① 首先，劳动关系是以契约的形式建立的，个别劳动关系需要个体自治的模式调整，体现在劳动合同立法上，尊重和保障当事人之间的意思自治。其次，劳动者在劳动关系中处于弱势地位，为了平衡当事人之间的力量，防止因力量失衡而导致劳动者权益受损，需要团体自治和国家强制发挥其功能。不同的历史时期、不同的经济制度与文化背景下，劳动关系呈现的特点不同，各种调整方式的适用不同，法律调整模式也存在着差异性。随着经济全球化、技术革新与信息时代的到来，我国劳动关系正在发生深刻的变化，劳动关系的法律调整模式也应适用劳动关系的变化而随之调整。

二、我国劳动关系法律调整模式的历史演进

中华人民共和国成立后，我国劳动关系的法律调整模式经历了一个历史演变过程。我国经济发展经历了计划经济到社会主义市场经济的转变，劳动关系的调整方式也经历了从政策调整到法律调整的转变，调整模式也从单一的国家强制模式转变为个体自治、团体自治与国家强制相结合的模式。

1949 年中华人民共和国成立后，我国建立了计划经济体制，劳动力市场上确立了"统包统分"的行政配置劳动力资源的方式。劳动者就业由国家包管安置，统一分配到用人单位，用人单位在国家下达的劳动计划内用工。此时政府与企业之间的关系体现为命令与服从的关系，企业与职工也体现为命令与服从的关系。国家政策与行政指令成为调整劳动关系的主要方式，劳动合同制度没有形成。同时，由于当时全民所有制企业占据用人单位的主体，国家、企业与劳动者之间的关系是利益的统一体，集体

---

① 林嘉. 劳动法的原理体系与问题［M］. 北京：法律出版社，2016：62

协商制度虽然存在，但形同虚设。劳动关系法律调整的模式是单一的"国家强制"模式。

党的十一届三中全会之后，我国经历了由计划经济向社会主义市场经济的改革。随着经济制度的变化，劳动关系调整模式也在发生深刻的变化。首先，企业成为自主经营的主体，有了独立的经营权和经营利益，劳动者就业形式也发生了改变，由原来的统包统分变为自主择业，在此背景下，劳动合同制度开始试行。1986 年国务院发布《国营企业实行劳动合同制度暂行规定》，打破了固定工制度；1994 年《劳动法》正式以立法的形式确立了劳动合同制度；在此基础上 2008 年《劳动合同法》进一步对劳动合同的订立、变更、解除、终止及特殊劳动合同等内容做了进一步完善。以上立法发展的进程表明，个体自治成为我国劳动关系法律调整的主要模式之一。

随着社会主义市场经济的深入发展，个体权利的复苏，劳动者与用人单位之间出现了利益冲突，尤其是在劳动力市场供求失衡的形势下，劳动者的弱势地位逐步体现。劳动关系调整的价值取向也进一步朝着倾斜保护劳动者的方向发展，而个体自治的模式并不能改变劳动者与用人单位的力量对比。为了壮大劳动者的力量，立法规定了劳动者参加工会和集体维权的权利。1994 年《劳动法》对集体合同制度做了规定，2008 年《劳动合同法》进一步完善了集体合同制度。由此，团体自治模式在调整劳动关系中开始发挥作用。

三、我国劳动关系法律调整模式的类型及完善

（一）个体自治

个体自治是指按照意思自治原则，当事人可以基于自身的意思表示为或者不为一定的行为。自 20 世纪 80 年代，我国劳动力资源配置方式

由行政配置手段转为实行市场配置手段，劳动合同制度开始试行。1994年《劳动法》首次以立法形式确立了劳动合同制度，明确了"建立和维护适应社会主义市场经济的劳动制度"，个体自治的调整模式自此确定下来。

　　个体自治是调整私法关系的主要模式，劳动关系具有私法属性，亦有不同于私法关系的特征。私法关系主体当事人之间法律地位是完全平等的，而劳动关系主体之间的关系并不是完全平等的。劳动关系主体之间在劳动力市场地位、信息资源占有、经济地位等方面都存在力量的悬殊。因此，劳动关系虽然以契约的形式建立，但当事人意思自治的范围较小。在劳动合同签订时，虽然劳动者有自主择业权，但劳动是维持其生存权的手段，从事社会劳动往往是必须选择的道路。在劳动合同内容的确定上，由于用人单位对于本单位的基本情况较为了解，劳动合同往往由用人单位拟定，用人单位对劳动合同条款的确定有较大的自主性，而劳动者大多数情况下只是附和用人单位。另外，劳动合同的内容除了当事人自由约定的条款外，还有法定必备条款。同时，私法关系当事人对于契约形式也有较自由的选择权，但由于劳动关系当事人"实质不平等"的法律地位，出于对劳动者权益保护的考虑，劳动合同形式的选择自由余地也较小。我国《劳动合同法》第10条第1款规定："建立劳动关系，应当订立书面劳动合同。已建立劳动关系，未同时订立书面劳动合同的，应当自用工之日起一个月内订立书面劳动合同。"

　　当前，我国劳动关系的调整主要表现为在个体自治的基础上辅之以国家强制。但是，个体自治并不能改变劳动关系主体之间法律地位的不平等性。随着用工形式的多样化和劳动关系的复杂化发展趋势，劳动者与用人单位之间的"不平等"性加剧，即使有国家立法对劳动关系的强制干预，也不能改变劳动争议数量增多的局面。

（二）团体自治

团体自治是在个体自治基础上发展起来的。团体自治的前提是劳动者参加和组织工会的权利，通过工会的力量实施团体自治。《劳动法》第7条第1款规定："劳动者有权依法参加和组织工会。"根据《中华人民共和国工会法》的规定："工会通过平等协商和集体合同制度，协调劳动关系，维护企业职工劳动权益。"首先应当保证工会的独立性，工会代表劳动者行使权利时不得受到企业或外界力量的干预。工会在经济、组织、运营上都要保持独立性，才能真正成为劳动者的代言人。其次保证工会团体行动自治，即工会通过履行自身职能维护劳动者权利。团体自治通过工会力量增强劳动者力量，解决了劳动关系主体之间力量不平衡的问题。同时，集体合同和集体协商制度在协调劳动关系中发挥重要作用，有效避免劳动争议的发生，有利于劳动关系的协调发展。

当前，由于工会未能发挥其职能，集体合同和集体协商制度并不完善，导致我国的团体自治模式发挥的作用较小。完善集体合同和集体协商制度、充分发挥团体自治模式在调整劳动关系中的作用，是我国劳动法进一步完善的方向。

（三）国家强制

从19世纪初西方国家的"工厂立法"开始，国家便通过立法对劳动关系进行干预，劳动法产生并发展成为独立的法律部门。劳动法产生的前提是劳动关系双方主体之间地位的不平等，劳动者为了生活，不得不通过社会劳动换取劳动报酬。用人单位出于追求利润考虑，往往会过度剥削劳动者以降低生产成本，从而威胁到劳动者的生存权。自治调整模式无法实现对劳动者权益的保护，只能通过国家强制立法实现。国家通过立法制定劳动基准，限制劳动者与用人单位意思自治的范围，倾斜保护劳动者的利益。国家强制干预劳动关系在劳动合同中体现为以下几个方面：一是确定了用人单位支付给劳动者的最低工资待遇；二是确定工作时间的上限；三是确定了劳动条件和劳动保护的标准；四是限制了用人单位的解雇权。

国家强制模式是纠正劳动关系主体地位不平等、实现劳动关系主体之间的"实质公平"、维护劳动者合法权益的有效方式。但当前，我国政府对劳动关系的行政干预较多，不利于劳动力市场的发展，尤其是当前劳动关系日趋多元化、复杂化的发展趋势，政府的行政干预不可能深入到劳动关系的方方面面，反而导致劳动者与用人单位争议增多，不利于劳动关系的和谐稳定。

总之，在当前经济社会发展的背景下，劳动关系朝着全球化、多元化、弹性化方向发展，劳动关系的法律调整模式应当以个体自治为基础，充分发挥团体自治的优势，完善集体合同及集体协商等制度，补充和修正个体自治模式调整劳动关系的不足。同时加强对劳动者权益的保护，政府适当放松对劳动关系的管制，在最低工资、职业安全、工资支付、工作时间等劳动基准上守住底线，保障劳动者的生存权。

第三节　劳动关系的司法认定

一、劳动关系认定的法律意义

劳动法的主要调整对象是劳动关系。然而，由于各国对劳动关系的法律调整模式以及法律适用范围不同，导致劳动关系的理论概念与法律概念的不一致，因此，认定劳动关系是确定法律适用、解决劳动法问题的前提。同时，由于经济的发展，企业用工形式呈现灵活性、多样化的趋势，新型的用工形式不断出现，导致传统的劳动关系发生了巨大变化，劳动关系的司法认定问题成为司法实践中面临的一项重要问题。

(一) 劳动关系认定的理论意义

各国立法对劳动关系与雇佣关系、劳务关系等采取了不同调整方式。理论上，对于从属性的劳动关系（雇佣关系），立法一般采取倾斜保护劳动者的模式。但我国立法把雇佣关系的一部分纳入了劳动法的调整范围，这部分雇佣关系即劳动关系；另一部分未纳入劳动法的调整范围，由民法调整，如自然人用工、家庭雇佣保姆等。对于非从属性的劳动关系，立法采取平等保护的模式，如劳务关系完全适用民法。因此，准确判定劳动关系，可以合理划分适用劳动法规范调整的劳动关系的界限，保护用人单位以及劳动者的群体性利益，促进法律公平正义的实现。

(二) 劳动关系认定的实践意义

当今社会，随着经济的发展、科技的进步，企业的经营方式发生了巨大变化，用工方式也出现了许多不同于传统用工方式的新特点。那么在这些用工方式中，劳动者的劳动权益如何保护？劳动者与用工主体之间的关系性质如何？这些都成为理论与实践中面临的重大问题。劳动关系的认定是解决劳动法律问题的前提，只有劳动者与用工主体之间的关系依法被认定为劳动关系，劳动者才受到劳动法的倾斜保护。然而，司法实践中，由于劳动关系的认定标准不明确，劳动者与用工主体之间确认劳动关系的纠纷出现了不同的裁判结果。明确劳动关系的认定标准，对于应对新型劳动关系不断出现的发展趋势、解决司法实践中劳动关系认定标准问题具有重大的指导意义。

二、劳动关系的认定标准

国外劳动法理论关于劳动关系的认定标准主要有两种学说：一是大陆法系国家的"从属性标准"，即根据雇员对于雇主的从属性来判断是否存在劳动关系；二是英美法系国家的"控制性标准"，即指通过界定雇主对于雇员工作的控制程度来判断双方之间是否成立劳动关系。我国立法受大陆法系的影响较深，在认定是否存在劳动关系时采取"从属性标准"。

从属性是指劳动者提供劳动时从属于用人单位。关于"从属性劳动"，我国台湾著名学者黄越钦先生在《劳动法新论》中有过精辟的见解："凡经纳入他人劳动组织中，受指示而为劳动力之给付者概从属劳动者。因此，劳动法除对独立劳动者（例如自由业者、承揽人虽亦为劳动力给付者，但不受劳动法规范所及）不适用外，凡纳入他人劳动组织，受他人指示而劳动之人即具备'从属性'的要件"。

具体而言，劳动关系的从属性可从以下几个方面判断：

（1）身份从属性。身份上的从属性是指劳动者被纳入用人单位经济组织内部，成为用人单位中的一员，并以用人单位的名义对外从事经营活动，其独立身份被用人单位吸收。例如，某商场售货员甲，在向顾客销售商品时，是以商场的名义与顾客建立了买卖合同关系，虽然甲在法律上有独立的人格，但在销售商品时，其身份是商场的员工，而不是甲自己。

（2）组织从属性。组织从属性是指劳动者作为用人单位组织中的一份子，工作时间内接受用人单位的指挥、控制，与其他劳动者互相协作、共同劳动，其提供的劳动是用人单位业务组成部分。例如，劳动者必须遵守用人单位内部规章制度，按照用人单位的工作要求完成工作任务，并接受用人单位对工作和劳动成效的检查与监督等。

（3）经济从属性。经济从属性指劳动者提供劳动时，与用人单位的生产资料、生产工具等相结合，生产出的劳动产品归属于用人单位，而由此产生的用工风险以及用工责任由用人单位承担。劳动者只要按照用人单位的指示或要求完成工作任务，用人单位就必须按照劳动合同的约定支付劳动报酬，而不受用人单位经营效益的影响。另外，用人单位对劳动者承担劳动保护义务，劳动者在工作过程中发生的人身损害事故，由用人单位承担赔偿责任。

三、我国劳动关系认定标准

由于我国立法把雇佣关系的一部分纳入了劳动法的调整范围，另一部分适用民法调整。因此，认定劳动关系不仅要把握劳动关系的认定标准，还要参照我国劳动法调整的范围。在我国立法中，只有原劳动部《关于贯彻执行〈中华人民共和国劳动法〉若干问题的意见》和《关于确立劳动关系有关事项的通知》（以下简称《通知》）中存在判定劳动关系的规范。《通知》规定，"用人单位招用劳动者未订立书面劳动合同，但同时具备下列情形的，劳动关系成立：（一）用人单位和劳动者符合法律、法规规定的主体资格；（二）用人单位依法制定的各项劳动规章制度适用于劳动者，劳动者受用人单位的劳动管理，从事用人单位安排的有报酬的劳动；（三）劳动者提供的劳动是用人单位业务的组成部分。"这主要从主体合格、人格从属、业务从属等方面规定了劳动关系的认定标准，是关于我国司法实践中认定是否存在劳动关系的依据。根据以上规定可知，我国在司法实践中认定是否存在劳动关系的标准主要包括两个方面：一方面是主体标准，即主体是否符合劳动法的规定；另一方面是内容标准，即劳动关系的内容是否存在"从属性"，即劳动者是用人单位组织内部的成员，受用人单位的劳动管理，提供的劳动是用人单位业务的组成部分等。由上述关于劳动关系认定的司法分歧可见，我国关于劳动关系的认定标准并不完善，在适用中存在以下问题：

（1）主体标准不明确。虽然我国立法明确了劳动关系的主体是"用人单位"和"劳动者"，但是，对于"用人单位"和"劳动者"的内涵，却没有明确规定。尤其对于"用人单位"，只是以列举的形式对其外延作了规定，对其内涵却没有科学的界定。尤其是在新型用工模式下，劳动关系建立与运行的方式发生了不同于传统劳动关系的重大变化，各类主体定位呈现模糊性的趋势，就导致司法实践中，"主体性标准"可操作性不强，无法对新型劳动关系主体资格准确定位。

（2）内容标准过于笼统。我国立法对劳动关系的认定采取"一刀切"的模式，标准中三个条件都符合，才能认定为劳动关系，其中一个条件不符合，就被排除于劳动关系之外。另外，这一标准适用于所有的劳动关系，没有考虑到劳动关系的特殊形态。这种"一刀切"的认定模式已无法适应新型劳动关系不断出现的发展趋势。当前，我国正处于社会经济转型时期，劳动用工呈现灵活性、多样化的特点，特别是随着经济发展模式的变迁和产业结构的调整，非典型劳动关系大量出现，如果适用《通知》中的三个标准加以认定，很多新型的劳动关系难以得到劳动法的保护。

（3）标准适用缺乏灵活性。司法实践中，法院认定是否存在劳动关系的内容标准主要考虑"从属性"，而从《通知》的规定来看，"规章制度适用于劳动者""劳动管理""有报酬劳动""业务组成部分"等标准涵盖了"从属性"的所有内容。法院在认定劳动者与用人单位之间是否具有"从属性"时，也会全面考察这些条件。随着新型用工方式的出现，在提供劳动的过程中，劳动者对用人单位的人身依附性减弱，是否存在"从属性"，很难做出判断。

当前，劳动用工领域的纠纷最多的当属劳动关系认定纠纷，只有认定劳动关系，才能明确法律适用。因此要进一步完善我国立法关于劳动关系的认定规则。首先，要明确劳动关系主体认定标准。通过修订现行立法，进一步明确"劳动者"与"用人单位"的法律内涵，侧重于对用人单位资格的实质性审查，根据用人单位与劳动者关系的实质性内容来确定是否存在劳动关系。其次，为适应劳动用工多元化的发展趋势，应当确立一般标准与特殊标准相结合的认定规则体系，对于传统的典型的劳动关系，应当适用一般标准，对于不具有传统劳动关系典型特征的处于边缘化的劳动关系，应当结合劳动关系的具体情况，适用特殊标准。最后，要重新审视"从属性"标准，应当抛弃"构成要件"模式，而结合劳动关系的实质内容来判断，以应对当前形势下劳动关系认定的现实困境。

四、劳动法调整劳动关系的范围

我国《劳动法》第 2 条规定："在中华人民共和国境内的企业、个体经济组织（以下统称用人单位）和与之形成劳动关系的劳动者，适用本法。国家机关、事业组织、社会团体和与之建立劳动合同关系的劳动者，依照本法执行。"2008 年 1 月 1 日施行的《劳动合同法》，2008 年 9 月 18 日施行的《中华人民共和国劳动合同法实施条例》（以下简称《劳动合同法实施条例》）把民法非企业单位、律师事务所、会计师事务所、基金会等的劳动关系纳入了劳动法的适用范围。

由此可见，我国劳动法调整劳动关系的范围包括：①各类企业的劳动关系；②个体经济组织的劳动关系；③民办非企业单位的劳动关系；④事业单位实行聘任制用工制度改革之后的劳动关系；⑤国家机关和社会团体通过与劳动者签订劳动合同建立的劳动关系；⑥律师事务所、会计师事务所、基金会等的劳动关系。其他如农村集体经济组织的劳动关系以及现役军人、家庭保姆、自然人用工等劳动关系，都不属于劳动法的调整范围。

第三章　劳动法律关系与事实劳动关系

第一节　劳动法律关系

一、劳动法律关系的概念

现实存在的社会关系是复杂多样的，国家通过立法把不同性质的社会关系进行了分类，分别制定与之相适应的法律规范体系，形成了不同的法律部门。劳动关系由劳动法律规范予以调整，便形成了劳动法律关系。劳动法律关系是现实存在的劳动关系经劳动法调整后的结果，是合法的劳动关系。具体而言，劳动法律关系是劳动关系的主体，是在实现社会劳动的过程中依据劳动法律规范而形成的权利义务关系。

劳动法律关系与劳动关系是两个既有联系又有区别的概念。劳动关系是劳动法律关系产生的基础，劳动法律关系是劳动关系在法律上的表现形式。在制定劳动法律规范时，不能脱离劳动关系的现实要求。劳动法律关系是劳动法在调整劳动关系的过程中形成的权利义务关系，对劳动关系的运行有积极的指引作用。二者的区别主要体现在以下几个方面：

（1）二者所属范畴不同。劳动关系是现实存在的生产关系，是劳动者在劳动中与雇用者形成的关系，属于经济基础的范畴；而劳动法律关系属于意志关系的范畴，是上层建筑的组成部分。国家通过制定劳动法律规范对劳动关系运行模式加以规定，体现了国家意志。

（2）二者形成的依据不同。劳动关系发生在现实的劳动过程中，其产生的前提是劳动；而劳动法律关系产生的前提是劳动法律规范，没有相应的法律规范就不会形成劳动法律关系。

（3）二者内容不同。劳动关系的内容是劳动，劳动者为用人单位提供劳动，用人单位指挥劳动者进行劳动，双方形成了劳动力的使用与管理关系；而劳动法律关系的内容为法定的权利和义务，法规规范设定了当事人的权利和义务，一方不履行义务或侵犯对方的权利，要依法承担责任。

二、劳动法律关系的特征

（一）主体之间兼具平等性与从属性

劳动法律关系的主体一方是劳动者，另一方是用人单位。在建立劳动法律关系时，劳动者与用人单位的法律地位平等，双方都有权选择是否与对方建立以及如何建立劳动法律关系。但是，劳动法律关系建立之后，劳动者就要在用人单位的指挥、管理下进行劳动，要遵守用人单位内部规章制度等，这就与用人单位形成了职责上的从属关系。这一特征区别于民事法律关系主体之间的平等性与行政法律主体之间的隶属性。

（二）内容具有较强法定性

劳动法律关系的运行模式由法律加以规定。劳动者与用人单位在平等、自愿的基础上通过协商建立劳动法律关系，确立双方具体的权利和义务。但是，双方确立的劳动权利义务，不得违反法律、行政法规的强制性规定，同时也不得违反集体合同的约定。例如，双方在确定具体的劳动权利和义务时，应当按照最低工资、工时休假、劳动保护等劳动基准的相关规定，遵守国家对于劳动法律关系运行的强制性规定等。相对于民事法律关系，劳动法律关系具有更强的法定性。

（三）客体兼具人身性与财产性

劳动法律关系主体双方的劳动权利和劳动义务都是围绕劳动力的转移、使用与保护等而进行的。劳动力依附于劳动者，与劳动者的生理条件紧密相连，这是劳动力人身性的体现。同时，劳动者让渡自己的劳动力给用人单位使用，换取劳动报酬，这是劳动力财产性的体现。

三、劳动法律关系的要素

劳动法律关系由劳动法律关系的主体、劳动法律关系的内容和劳动法律关系的客体这三个基本要素构成。

（一）劳动法律关系的主体

劳动法律关系的主体是指依法参加劳动法律关系，享受劳动权利、承担劳动义务的当事人，包括劳动者和用人单位。

1. 劳动者

劳动者是指达到法定年龄、具有一定的劳动能力，在具体的劳动法律关系中依法享受劳动权利、承担劳动义务的自然人。劳动者依照法律规定或劳动合同约定与用人单位建立劳动法律关系，在用人单位的指挥、监督、管理下提供劳动，获取劳动报酬，他们的权利依法受法律保护。国家立法对参与劳动法律关系的资格条件做了规定，只有符合法律规定的资格条件，自然人才能成为劳动法律关系的主体。

作为劳动法律关系主体的劳动者，必须具备一定的劳动权利能力和劳动行为能力。劳动权利能力是指劳动者依法享有劳动权利、承担劳动义务的资格,劳动行为能力是指劳动者以自己的行为行使劳动权利、履行劳动义务的能力。劳动者的劳动权利能力与劳动行为能力是统一的,同时产生,同时消灭;又是不可分割的,只能由劳动者本人行使;同时又与劳动者的生理状况如年龄、性别、健康状况等紧密联系。我国立法并未分别规定劳动者的劳动权利能力和劳动行为能力,而是统一体现在对劳动者资格的规定上。根据我国法律规定,劳动者要成为劳动法律关系的主体,应具备以下资格条件:

(1)达到法定的劳动年龄。关于劳动者的劳动年龄,世界各国规定并不一致,我国劳动法规定劳动者的最低就业年龄是 16 周岁。对于某些特殊职业,如文艺、体育等单位确需招用未满 16 周岁的劳动者,必须符合劳动行政部门的规定。否则,不得招用未满 16 周岁的劳动者就业。另外,对于某些可能危害未成年人健康、安全的职业,如有毒、有害环境中从事的工作,就业年龄不得低于 18 周岁。

(2)具有劳动能力。劳动者提供劳动时,只能由本人亲自完成,不允许他人代理,因此,要求劳动者建立劳动法律关系时,必须有劳动能力。劳动者的劳动能力是劳动者提供劳动的生理状况,表现为劳动者的体力、智力等方面,同时也与劳动者的行为自由密切联系。劳动者的劳动能力表现为以下方面:①身体健康,例如盲人不能当司机,传染病患者不能从事餐饮行业的工作等;②智力健全,智力不健全的人其劳动能力要受到限制;③行动自由,如在监狱服刑的人,其劳动资格要受到限制等。

2. 用人单位

用人单位是我国劳动法上的用语,国外劳动法理论中称之为雇主或雇用人等,具体是指与劳动者建立劳动法律关系,并按法律的规定或劳动合同的约定管理劳动者,向劳动者提供劳动条件,进行劳动保护,并支付劳动报酬的组织。用人单位与劳动者建立劳动法律关系,也要具备相应的劳动权利能力与劳动行为能力，也就是用工资格。用人单位的劳动权利能力与劳动行为能力是一致的，通常受单位性质、所处行业、职工录用基本条件、最低工资标准、社会保险、社会责任等的限制。

我国的用人单位主要包括以下几类主体：①依法设立的企业。包括各类企业，如公司、个人独资企业、外资企业等。②个体经济组织。即依法取得工商营业执照的个体工商户。③事业单位。即国家为了社会公益目的，由国家机关举办或其他组织利用国有资产举办的，从事教育、科研、卫生、文化等社会服务事业的社会组织，如医院、学校等。④民办非企业单位。即企事业单位、社会团体和其他社会力量和个人利用非国有资产举办的，从事非营利性社会服务活动的社会组织，如民办学校、民办养老院等。⑤国家机关和社会团体。国家机关和社会团体在《公务员法》适用范围以外招聘工勤人员时，属于劳动法律关系中的用人单位一方。⑥律师事务所、会计师事务所等合伙组织和基金会，也属于劳动法律关系中的用人单位。

（二）劳动法律关系的内容

劳动法律关系的内容是指劳动法律关系的主体依法享有的劳动权利，承担的劳动义务。一般而言，劳动者的权利义务与用人单位的权利义务是相对应的，劳动者的权利就是用人单位的义务，而用人单位的权利就是劳动者的义务。

1. 劳动者的基本权利

劳动法的立法宗旨是维护劳动者的合法权益，劳动法对于劳动者来讲是权利为本位的法，因此，劳动法主要规定了劳动者的基本权利。我国《劳动法》第3条第1款规定："劳动者享有平等就业和选择职业的权利、取得劳动报酬的权利、休息休假的权利、获得劳动安全卫生保护的权利、接受职业技能培训的权利、享受社会保险和福利的权利、提请劳动争议处理的权利以及法律规定的其他劳动权利。"由此可见，我国劳动者的基本权利包括以下几个方面：

（1）就业权。就业权也称工作权，是指劳动者能够获得职业劳动机会的权利。就业权的权利内容包括自主择业、平等就业、就业促进、职业保障四个方面。自主择业是指劳动者有权决定是否就业、从事何种职业、何时就业等，任何组织和个人不得强迫劳动者就业。就业中的行政安置和强迫劳动等都是对劳动者的自主择业权的干涉。平等就业是指劳动者除了法律规定的特殊情况外，不因民族、种族、地域、性别、宗教信仰等不同而受到不同对待，在就业机会和就业条件上一律平等。平等就业不仅要求劳动者就业资格的平等，还要求对劳动者就业能力衡量尺度的平等。就业促进是指国家应当实施积极的就业政策，为劳动者提供就业机会，提供职业培训条件，健全公共就业服务体系，多渠道促进就业。《中华人民共和国就业促进法》（以下简称《就业促进法》）规定了国家作为就业促进的主要义务主体，应当把扩大就业放在经济社会发展的突出位置，县级以上人民政府应当把扩大就业作为经济和社会发展的重要目标，通过发展经济和调整产业结构、规范人力资源市场、完善就业服务、加强职业教育和培训、提供就业援助等措施，创造就业条件，扩大就业。职业保障是指劳动者在失业时有权要求国家提供失业救济，维持基本生活，同时，国家也应当施行积极的再就业培训政策，帮助劳动者重新走向新的工作岗位。我国《就业促进法》第16条规定："国家建立健全失业保险制度，依法确保失业人员的基本生活，并促进其实现就业。"《中华人民共和国社会保险法》（以下简称《社会保险法》）第五章对失业保险制度的具体内容做了规定。

（2）劳动报酬权。劳动报酬权是指劳动者通过提供职业劳动，从用人单位处获得物质报酬的权利。劳动报酬是劳动者补偿自己劳动力的付出，维持基本生活的物质基础，劳动报酬权是劳动者生存权的基本内容之一，在劳动者基本权利中处于核心地位。劳动报酬权的主要权利内容包括劳动报酬协商权、劳动报酬请求权、劳动报酬支配权。劳动报酬协商权是指劳动者有权通过工资集体协商机制与用人单位代表依法就企业内部工资分配制度、工资分配形式、工资收入水平等事项进行平等协商。劳动报酬请求权是指劳动者提供了劳动，有权按照自己提供劳动的数量和质量获得不低于最低工资标准的劳动报酬。而且，用人单位在确定和支付劳动报酬时，应当坚持按劳分配、同工同酬。劳动报酬支配权是指劳动者对于自己的劳动报酬独占、排他的支配权，禁止用人单位随意克扣、拖欠等。

（3）休息权。休息权是指劳动者在劳动中消耗体力和脑力之后，依法享有的恢复体力、脑力，用于休闲娱乐和自己支配的时间的权利。休息权是提高劳动效率和劳动质量的重要保证，劳动者提供劳动后，消耗了体力和脑力，需要一定的时间加以恢复，劳动者享有休息权，是为缓解身心疲劳，恢复体力和脑力，从而更好地投入劳动。同时，劳动者享有休息权也是为了在业余时间参加学习、娱乐和社会活动，提高自身素质，实现个人全面发展。《中华人民共和国宪法》第43条规定，劳动者享有休息的权利。国家发展劳动者休息和休养的设施，规定职工的工作时间和休息休假制度。我国《劳动法》第四章规定了劳动者的工作时间和休息休假制度。

（4）劳动保护权。劳动保护权是指劳动者在劳动中人身安全和身心健康获得保障的权利，劳动保护权是为了维护劳动者的生存权和健康权。劳动保护权的主要内容有：①劳动安全卫生条件获得权，即劳动者有权在安全和卫生的生产环境中提供劳动的权利。用人单位必须严格执行国家劳动安全卫生规程和标准，使劳动场所、劳动工具和环境符合国家标准，防止劳动过程中的事故，减少职业危害。②取得劳动保护用品权，用人单位必须为劳动者提供必要的劳动防护用品。③定期健康检查权，即从事有职业性危害岗位的劳动者，应当定期接受健康检查的权利。④拒绝危险工作的权利，即劳动者在可能对自己或他人的身体健康和人身安全造成损害的情况下，拒绝为用人单位提供劳动的权利。《劳动法》第 56 条第 2 款规定："劳动者对用人单位管理人员违章指挥、强令冒险作业，有权拒绝执行；对危害生命安全和身体健康的行为，有权提出批评、检举和控告。"

（5）职业培训权。职业培训权是指劳动者依照法律规定和劳动合同约定，要求用人单位提供职业培训，以提升劳动技能和工作效率的权利。职业培训包括就业前的岗前培训和就业后的在职培训。职业培训权的主要内容包括：①就业前劳动者有权通过各种途径获得专业知识和技能的培训，为就业创造条件，我国《就业促进法》第 46 条规定，县级以上人民政府加强统筹协调，鼓励和支持各类职业院校、职业技能培训机构和用人单位依法开展就业前培训、在职培训、再就业培训和创业培训；鼓励劳动者参加各种形式的培训。②在职的劳动者有权利用业余时间参加各类学校学习，用人单位应当鼓励和支持。③在职培训中，用人单位应当支付培训费用。

（6）社会保险和福利权。社会保险权是指劳动者因暂时或永久丧失劳动能力以及失业时，依法获得物质帮助，以保证其在生、老、病、死、伤、残等情况下，本人及直系亲属的生活需要的权利。社会福利权是指劳动者依据国家的社会福利制度所享有的权利。社会保险与社会福利权的保障主要体现在我国的社会保险制度和社会福利制度中，主要内容包括：①劳动者平等地享有社会保险和福利权。②社会保险和社会福利待遇的给付请求权，如养老金的请求权、医疗保险费用的请求权等。③请求兴建公共福利设施的权利。

（7）提请劳动争议处理权。提请劳动争议处理权是指劳动者因劳动权益与用人单位发生争议时依法享有的请求有关部门进行处理的权利。劳动争议的解决有利于保护劳动者合法权益，也有利于劳动关系的和谐运行。提请劳动争议处理的权利包括以下几个方面内容：①劳动争议处理方式的选择权,即发生了劳动争议,劳动者可以对劳动争议处理途径和方式进行选择。我国《劳动法》第77条第1款规定:"用人单位与劳动者发生劳动争议,当事人可以依法申请调解、仲裁、提起诉讼,也可以协商解决。"②提请劳动争议处理机构依法受理劳动争议的权利,即劳动者请求劳动争议处理机构依法解决劳动争议的权利,劳动争议处理机构不受理时,劳动者有权要求受理机构说明不予受理的理由。③控告权,即当劳动者的合法权益受到侵害时,劳动者有权向劳动行政部门提出检举和控告。我国《劳动法》第88条第2款规定:"任何组织和个人对于违反劳动法律、法规的行为有权检举和控告。"

2. 劳动者的基本义务

劳动者的基本义务主要包括以下两个方面:第一,工作义务,即劳动者应当按照要求完成劳动任务,提高职业技能,执行劳动安全卫生规程。第二,忠实义务,即劳动者应当遵守劳动纪律和职业道德。

3. 用人单位的基本权利

用人单位的基本权利与劳动者的基本义务是对应的,用人单位的基本权利主要表现在经营管理方面,具体表现为对劳动者的劳动组织管理,主要有以下几个方面的权利:

(1)招收录用权。招收录用权是指用人单位根据本单位需要,依法招聘劳动者,并决定是否录用劳动者的权利。用人单位除依法履行社会责任外,有权根据生产经营需要决定招聘劳动者的时间、数量、条件等,并有权通过平等协商,依法与劳动者签订劳动合同并建立劳动法律关系。

(2)组织调配权。用人单位是生产经营的组织者,有权根据生产经济需要决定内部机构和岗位设置与人员配备。对于不能胜任工作的劳动者,用人单位有权依法调整其工作岗位。但是,用人单位行使此项权利时应当考虑对特定群体劳动者的特殊保护,如女职工、工伤职工、残疾人等,应保障他们劳动权利的实现。

（3）劳动报酬分配权。用人单位有权通过法定程序决定本单位工资分配办法。《劳动法》第47条规定："用人单位根据本单位的生产经营特点和经济效益，依法自主确定本单位的工资分配方式和工资水平。"用人单位工资分配自主权包括自主确定工资的水平、自主决定工资形式和分配办法。

（4）劳动奖惩权。劳动奖惩权是用人单位组织调配权的表现，是指用人单位有权依法制定和施行本单位的劳动规章制度及奖惩规则。

（5）辞退权。辞退权是与用人单位的招收录用权相对应的，用人单位有权选择与劳动者建立劳动法律关系。也有权解除与劳动者的劳动法律关系。辞退权是用人单位依照法定条件和程序，解除劳动合同的权利。

4. 用人单位的基本义务

用人单位的基本义务与劳动者的基本权利是相对应的，主要包括订立劳动合同时对劳动者的如实告知义务、提供法定劳动条件和劳动保护的义务、支付劳动报酬的义务、保障劳动者休息权的义务、提供必要培训机会与条件的义务、依法缴纳社会保险费的义务等。

（三）劳动法律关系的客体

劳动法律关系的客体是劳动者与用人单位的劳动权利与劳动义务所共同指向的对象。关于劳动法律关系的客体，我国劳动法学界存在不同的观点，有的认为劳动法律关系的客体是劳动力，有的认为劳动法律关系的客体是劳动力与劳动行为的多种客体，还有的认为劳动法律关系的客体是劳动行为。劳动力是劳动者体力与脑力的结合，劳动者劳动能力的体现，这种能力要通过劳动者的劳动行为才能最终转化为劳动成果。因此，高水平的劳动力是产生高质量劳动成果的重要保障。但是，只有高水平的劳动力，不一定产生高质量的劳动成果，例如，要达到良好的劳动效果不仅要求劳动者本身良好的素质，还与工作态度、工作环境等因素密切相关。我们认为，劳动者与用人单位建立劳动法律关系，在用人单位的统一管理、组织下提供劳动，双方权利义务指向的对象是劳动者提供劳动的行为，而不是劳动力，也不是劳动力与劳动行为的结合。

四、劳动法律事实

任何社会关系的运行都有一个产生、变更、消灭的过程，劳动法律关系的产生是指劳动法律关系的主体之间依法建立劳动权利与劳动义务关系。例如，劳动者甲参加了某公司的招聘面试后，双方依法签订了劳动合同，双方形成了法律上的劳动权利与义务关系。劳动法律关系的变更是指劳动法律关系建立后，由于客观情况的出现而引起法律关系中某些要素的变化。如劳动者工作岗位的调整，引起劳动权利和劳动义务的变更。劳动法律关系的消灭是指劳动法律关系主体之间的权利义务关系终止，如双方依法解除劳动合同会引起劳动法律关系的消灭，劳动合同期限届满也会引起劳动法律关系的消灭。

劳动法律关系的产生、变更或消灭，都是通过一定的法律事实而引起的。劳动法律事实是指劳动法规定的能够引起劳动法律关系产生、变更或消灭的客观情况。立法对劳动法律关系要素的设定只是一种可能性，没有法律事实，这种可能性不会变成现实，不会自动产生、变更或消灭。能够引起劳动法律关系产生、变更或消灭的法律事实是多种多样的，按照是否以人的意志为转移，劳动法律事实可以分为行为和事件两类。

（一）行为

行为是指法律规定的，能够引起劳动法律关系产生、变更或消灭的与人的意志有关的活动，可以分为合法行为和违法行为。合法行为是符合国家法律规定的能够引起劳动法律关系产生、变更或消灭的行为；如劳动者依法签订劳动合同，建立劳动法律关系的行为；违法行为是指违反国家法律、法规规定，行为人需要承担相应法律后果的行为，如劳动者严重违反劳动纪律、用人单位违法解除劳动合同等行为。

（二）事件

事件是指不以行为人的意志为转移的，引起劳动法律关系产生、变更或消灭的客观现象。事件包括自然现象和社会现象。自然现象如地震、洪水以及劳动者的伤残、死亡等；社会现象如战争、动乱等。

第二节　事实劳动关系相关问题

劳动法律规范对劳动法律关系的形式要件与实质要件作出了明确的规定，但是，劳动关系是劳动者向用人单位提供劳动的过程中发生的社会关系，劳动者与用人方从用工之日起就建立了劳动关系。随着我国社会主义市场经济的深入发展，劳动用工关系日益复杂多样，现实生活中存在的劳动关系，其要件并非都符合劳动法律规范的规定，但是劳动者已经提供了劳动，这就形成了事实上的劳动力使用关系。

一、事实劳动关系的含义

事实劳动关系的概念源于德国法律中"事实的契约关系"，即由事实上的过程的完成而形成的法律关系。"事实劳动关系"这一概念最早出现在原劳动部办公厅 1992 年 3 月 31 日发给吉林省劳动厅《关于全民合同制工人合同期满后形成事实劳动关系问题的复函》中。但是，迄今为止，无论是立法还是理论界均未对事实劳动关系的含义作出明确的界定。关于事实劳动关系的含义，理论界主要有三种代表性的观点：第一种观点认为"事实劳动关系是一种没有签订劳动合同而存在劳动关系的一种状态"。[①]第二种观点认为"事实劳动关系是指用人单位和劳动者就某些劳动义务达成口头协议，形成劳动者向用人单位提供劳动，用人单位对其支付劳动报酬的事实上的劳动用工关系"。[②] 第三种观点认为"事实劳动关系应当指劳动者与用人单位之间形成的从属性劳动、但不符合劳动合同成立的法定要件的劳动力使用与被使用的关系"。[③] 以上三种观点，第一种与第二种观点强调的是事实劳动关系缺乏"书面劳动合同"这一形式要件，第三种观点强调的是建立劳动关系，但欠缺法定要求的全部情形。劳动关系的建立是基于劳动者向用人单位提供了劳动这一事实，劳动者一旦付出了劳动，就无法返还和恢复原状。因此，劳动关系的建立可能基于双方签订书面劳动合同的行为，也有可能未签订劳动合同，还有可能存在其他欠缺法律要件的情形。

综上所述，事实劳动关系是指劳动者与用人单位之间形成事实上的劳动力使用关系，但不符合劳动法规定的建立劳动关系所必需的法定要件的社会关系。

二、事实劳动关系的成立要件

（1）主体一方是劳动者，另一方是用人单位。我国立法把传统劳动

---

① 董保华. 论事实劳动关系 [J]. 中国劳动，2004（7）

② 徐智华. 关于完善劳动合同立法的几个问题 [J]. 中南财经政法大学学报，1999（1）

③ 林嘉. 劳动合同若干法律问题研究 [J]. 法学家，2002（6）

法理论中的雇佣关系分为两类：一类是受《劳动法》调整的雇佣关系；即劳动关系；另一类是不受《劳动法》调整的雇佣关系，如自然人雇主与雇员之间的关系、家庭雇主和保姆之间的关系等。劳动关系的主体一方是劳动者，另一方是用人单位，事实劳动关系是劳动关系，因此，事实劳动关系的主体一方是劳动者，另一方是用人单位。

（2）劳动者已实际提供了劳动。劳动关系建立的实质要件之一是劳动者向用人单位让渡了自己的劳动力，提供了劳动。我国《劳动合同法》也明确规定了"用人单位自用工之日起即与劳动者建立劳动关系"。① 如果劳动者与用人单位仅就建立劳动关系达成合意，并未向用人单位提供劳动，此时，劳动关系并未建立，事实劳动关系更无从谈及。

（3）劳动者与用人单位形成了身份上的隶属关系。"从属性"或"隶属性"是劳动关系区别于其他与劳动有关关系的最显著的特征。只有劳动者加入用人单位组织中，并在用人单位的统一管理、安排下提供劳动，并从用人单位处获取劳动报酬，这才形成了劳动法意义上的劳动关系。如果劳动者为用人单位提供了劳动，但在劳动过程中并未受其支配，这种关系是双方在平等自愿的基础上建立的民事关系，受民法调整，不是事实劳动关系。

（4）劳动关系的建立不符合法定要件。根据我国《劳动法》的规定，建立劳动法律关系不仅要有"双方签订书面劳动合同"这一形式要件，还要符合劳动法律关系的构成要件，如主体合法、内容合法等。如果缺少其中任一要件，但事实上形成了劳动力的使用关系，此时劳动者付出的劳动也无法收回，就会导致事实劳动关系的产生。

---

① 《劳动合同法》第 7 条。

三、事实劳动关系的种类及效力

结合上述分析，我们认为事实劳动关系主要有以下两类情形：一是未签订书面劳动合同而形成的事实劳动关系；二是因欠缺劳动法律关系的法定要件而形成的事实劳动关系。

（一）未签订书面劳动合同而形成的事实劳动关系

我国《劳动法》第 19 条和《劳动合同法》第 10 条都规定了劳动合同应当以书面形式订立。这就意味着，根据我国劳动法律规范，除法律有特别规定外，"签订书面劳动合同"是一项强制性的规定，如果劳动合同不采取书面形式，就会导致无效的法律后果。"未签订书面劳动合同"包括两种情况：一是劳动者与用人单位自始未签订书面劳动合同；二是劳动合同期限届满，劳动者与用人单位未续签书面劳动合同，而劳动者仍在用人单位处工作。对于未签订书面劳动合同而形成的事实劳动关系，我国立法承认其效力，如原劳动部《关于贯彻执行〈中华人民共和国劳动法〉若干问题的意见》① 为事实劳动关系受法律保护提供了依据。因此，未签订劳动合同，但劳动者事实上与用人单位形成了劳动力使用关系，适用《劳动法》，对于劳动报酬约定不明确的，参照集体合同的规定的标准执行，没有集体合同或集体合同未规定的，实行同工同酬。

（二）因欠缺劳动法律关系的形式要件而形成的事实劳动关系

劳动关系必须符合法定的构成要件才会完全受法律保护，即形成劳动

---

① 《关于贯彻执行〈中华人民共和国劳动法〉若干问题的意见》第 2 条规定，中国境内的企业、个体经济组织与劳动者之间，只要形成劳动关系，即劳动者事实上已成为企业、个体经济组织的成员，并为其提供有偿劳动，适用劳动法。

法律关系。若劳动关系的某一要件不符合法律规定，但劳动者与用人单位已经形成了事实上的劳动力使用关系，也会产生事实劳动关系。但事实劳动关系欠缺的仅仅是劳动法律关系成立的形式要件。如果欠缺的是实质要件，也就是违反法律的强制性规定，那么这些行为不仅会造成劳动者权益的损害，还会造成社会利益的损害。例如，因主体不合法而形成的事实劳动关系，主要表现为劳动者资格条件不符合法律规定、用人单位没有用人资格两种情况。对于劳动者资格不合法，主要是雇用童工和享受养老保险待遇后被返聘的情形。然而，2002 年 9 月 18 日国务院颁布的《禁止使用童工规定》第 2 条规定："国家机关、社会团体、企业事业单位、民办非企业单位或者个体工商户（以下统称用人单位）均不得招用不满 16 周岁的未成年人（招用不满 16 周岁的未成年人，以下统称使用童工）。禁止任何单位或者个人为不满 16 周岁的未成年人介绍就业。禁止不满 16 周岁的未成年人开业从事个体经营活动。"使用童工行为是违法行为，由此形成的关系欠缺的是劳动法律关系的实质要件，不能称之为"事实劳动关系"。再如，用人单位被吊销营业执照后，与劳动者建立的劳动关系，也不能被认定为"事实劳动关系"。同样，如果劳动合同的内容不符合法律强制性规定，也不能被认定为"事实劳动关系"。

（三）因双重劳动关系而形成的事实劳动关系

双重劳动关系，就是同一个劳动者与两个或两个以上用人单位建立劳动关系。① 由于劳动关系的标的是劳动者的劳动行为，劳动行为与劳动者的生理情况紧密相连，一般认为劳动者的体力与脑力一旦付出，必须在一定的时间内加以恢复，如果一个劳动者同时为两个或两个以上的用人单位提供劳动，必然会影响劳动效果，因此一个劳动者只能与一个用人单位建

---

① 北京市劳动和社会保障法学会. 用人单位劳动争议前沿问题与实践 [M]. 北京：法律出版社，2010：45

立劳动关系，如果一个劳动者与一个或一个以上的用人单位建立了双重或多重劳动关系，立法会优先保护第一重劳动关系，其他劳动关系就是事实劳动关系。

四、保护事实劳动关系的必要性

（一）保护事实劳动关系，符合劳动法的立法目的

劳动法立法的首要目的是保护劳动者的合同权益。在劳动者与用人单位建立的劳动关系中，劳动者是弱势群体，劳动法在调整劳动关系时，坚持倾斜保护劳动者的原则。保护事实劳动关系，有利于保护劳动者的合法权益，符合劳动法的立法目的。

首先，虽然事实劳动关系欠缺法定要件，但是，劳动者付出了劳动，劳动付出的过程是体力、脑力等的消耗过程。劳动付出后，只能恢复劳动者的劳动力，而不能返还已付出的劳动，如果仅因事实劳动关系不符合法定要件而不保护劳动者的权益，不仅是对事实劳动关系的否认，也是对劳动者已付出劳动的否认。

其次，引起劳动关系产生的基本法律事实是用工，而不是订立劳动合同。即使双方签订了劳动合同，也符合劳动法律关系的其他法定要件，但劳动者没有提供劳动，不存在实际用工的事实，仍不产生劳动关系。

最后，由于受劳动力市场供求和劳动关系双方主体经济地位等因素的影响，用人单位强、劳动者弱的局面是客观存在的。因此，劳动合同签订的主动权往往掌握在用人单位手中。承认事实劳动关系，保护劳动者的合法权益，是劳动法保护弱势群体、维护社会公平正义的体现。

（二）保护事实劳动关系是应对用工形式多样化的需要

随着经济社会的快速发展，新兴行业不断涌现，劳动力市场也发生了翻天覆地的变化，劳动用工形式呈现多样化的发展趋势。一方面，有些传统的岗位仍然存在，但出现了新的工作特点，如高科技的广泛应用，大大提高了劳动效率，劳动时间和劳动方式都发生了改变。另一方面，在新的行业领域出现了新的工作岗位，如互联网的高速发展带动了网络销售、物流服务等行业的发展，出现了网络客服、快递员、送餐员等工作岗位。相对于传统的劳动关系，新型劳动关系中劳动者对用人单位的人身依附性特征弱化，劳动方式和劳动时间更加灵活，劳动者与用人单位之间不签订书面劳动合同或同时与多家用人单位同时存在劳动关系的情况普遍存在，这就导致事实劳动关系大量存在。如果不保护事实劳动关系，势必造成这些劳动者的合法权益受到侵害。

五、我国事实劳动关系法律保护的现状

（一）我国事实劳动关系法律保护的现状概述

（1）明确了事实劳动关系受法律保护。我国关于事实劳动关系的规定散见于劳动法律、法规、规章等法律文件中，立法明确肯定了事实劳动关系受法律保护。这些规定主要体现在：原劳动部《关于贯彻执行〈中华人民共和国劳动法〉若干问题的意见》明确规定了事实劳动关系适用《劳动法》，同时还规定了事实劳动关系中，用人单位故意拖延不订立劳动合同，给劳动者造成损害的法律后果。[①] 《最高人民法院关于审理劳动

————————

① 《关于贯彻执行〈中华人民共和国劳动法〉若干问题的意见》第 2 条、第 17 条。

争议案件适用法律若干问题的解释》把事实劳动关系纳入了劳动争议案件受理的范围。①

（2）规定了事实劳动关系的认定规则。针对大量存在的事实劳动关系中劳动者权益屡受侵犯的情况，劳动与社会保障部《关于确立劳动关系有关事项的通知》，针对事实劳动关系的认定规则及参照证据以及相关主体的法律责任做了具体规定，将事实劳动关系纳入了法律调整的范围。②

（3）明确规定了事实劳动关系中劳动者的劳动报酬。《劳动合同法》第11条规定："用人单位未在用工的同时订立书面劳动合同，与劳动者约定的劳动报酬不明确的，新招用的劳动者的劳动报酬按照集体合同规定的标准执行；没有集体合同或者集体合同未规定的，实行同工同酬。"这是首次以立法的方式明确规定了事实劳动关系中劳动者的劳动报酬。

（二）我国事实劳动关系法律保护存在的问题

虽然我国立法一定程度上把事实劳动关系纳入劳动法的调整范围，并保护劳动者的合法权益，但是对事实劳动关系的法律保护仍存在诸多问题。

（1）未明确界定事实劳动关系的法律概念。迄今为止，我国《劳动法》《劳动合同法》等法律文件中，均未对事实劳动关系的内涵及外延等作出明确的规定，虽然有些部门规章和地方性法规及最高人民法院的司法解释中对事实劳动关系作出了相应的规定，但由于立法层次低、法律规定不统一等原因，造成了事实劳动关系立法混乱、裁判结果不一致的局面，这成为司法实践中处理事实劳动关系纠纷面临的一大难题。

（2）仅规定了部分类型的事实劳动关系。我国现行立法仅规定了未

①　《最高人民法院关于审理劳动争议案件适用法律若干问题的解释》第1条第1款第2项。
②　《关于确立劳动关系有关事项的通知》第1条、第2条。

签订书面劳动合同而产生的事实劳动关系，并未明确事实劳动关系的种类，对于欠缺法定要件的其他类型的事实劳动关系也未作规定或甚少涉及。如对于因双重劳动关系而形成的事实劳动关系并无明确规定。

（3）对事实劳动关系中劳动者的社会保险待遇规定不全面。由于事实劳动关系欠缺劳动法律关系成立的法定要件，这就导致在事实劳动关系中，劳动者的某些权益可能无法依法获得保障。例如，事实劳动关系中存在未签订书面劳动合同或者劳动者的资格不合法的情况，劳动者往往因此而无法享受到社会保险待遇，我国相关立法虽然规定了个别情况下，劳动者的社会保险待遇的处理方式，但缺乏统一的规定。

六、完善事实劳动关系法律保护的建议

（一）明确界定事实劳动关系的概念及成立要件

通过以上分析可见，无论是我国劳动立法还是司法实践中，均未对事实劳动关系的概念和成立要件加以明确，导致"事实劳动关系"概念不明确、认定标准不统一的情况普遍存在，从而不利于对事实劳动关系中劳动者的权益保护。因此，应该通过立法明确事实劳动关系的概念及构成要件，将事实劳动关系全面纳入劳动法的保护范围。

（二）放宽对劳动合同形式的限制

根据《劳动合同法》的规定，订立书面劳动合同是建立劳动关系唯一的合法形式。目的是通过书面劳动合同，明确劳动关系当事人之间的权利义务关系。然而，建立劳动关系，是通过当事人之间就建立劳动关系的意思表示达成一致实现的。这种意思表示既可以通过书面劳动合同的形式作出，也可以通过口头形式作出。随着用工形式多样化的发展趋势，劳动

关系建立的方式也逐步呈现灵活性、多样性的特点。现实生活中，未签订书面劳动合同而建立的劳动关系大量存在。因此，应当放宽对劳动合同形式的限制，承认其他形式劳动合同的效力。

（三）完善事实劳动关系中劳动者社会保险待遇的规定

由于事实劳动关系不符合劳动法律关系的形式要件，从而导致劳动者无法完全享受社会保险待遇。因此，为了保护劳动者的社会保险权益，应当针对不同类型的事实劳动关系，完善社会保险缴费及社会保险待遇给付制度。例如，可以通过建立劳动者个人独立账户的形式，保护双重劳动关系中劳动者的社会保险利益，还可以通过扩大社会保险基金先行支付制度的适用范围，保障事实劳动关系中劳动者的社会保险利益。

七、"非法用工"问题

"非法用工"是指用人单位与劳动者建立的劳动关系不符合劳动法律关系实质要件的情形。"非法用工"与事实劳动关系的区别在于，事实劳动关系的建立仅仅是不符合形式要件，劳动关系的建立不会对劳动者权益或社会利益造成损害，而"非法用工"却造成了劳动者利益，甚至社会利益的损害。"非法用工"主要有以下几种情形：

（1）用人单位故意不办理营业执照或者被吊销营业执照或生产经营许可证，而与劳动者建立了劳动关系。这类情况是指用人单位为了规避工商税务等方面的义务，故意不办理营业执照或者被吊销营业执照或生产经营许可证后，仍以用人单位的名义招用劳动者。这类用工形式之所以被纳入"非法用工"的范畴，原因在于用人单位有违法的故意，且这类用工脱离有关行政部门的监管，不利于保护劳动者权益。但在这类劳动关系中，应当保护劳动者相关劳动权益。

（2）劳动者身份不合法而建立的劳动关系。这类情况主要指用人单位与不符合法定资格的劳动者建立的劳动关系。例如，用人单位使用童工的情况，用人单位招用不符合就业条件的外国人的情况。用人单位雇佣行为违反了相关立法强制性规定，应当承担公法上的责任。但劳动者已经付出劳动，应当保障其劳动报酬请求权和劳动安全保障等权利。

（3）劳动关系内容违法的情况。此类情况主要指用人单位从事国家禁止营业的领域而与劳动者建立的劳动关系，如毒品加工、武器弹药生产等。由于劳动关系的内容违法，劳动者与用人单位的权益不受保护。

第四章　劳动合同法律问题

第一节　劳动合同概述

　　劳动合同在日常生活中的使用频率很高。根据我国《劳动法》的规定，签订劳动合同是建立劳动关系的法定形式，然而，什么是"劳动合同"？劳动合同的性质如何？这些问题不仅是普通社会成员热议的话题，也是劳动法理论界讨论的热点。下面我们就劳动合同的基本问题做一些介绍。

一、劳动合同的概念

　　"劳动合同"一词，是我国的原生词汇，来源于20世纪五六十年代，社会生活中出现的"合同工"。当时的"合同工"是与计划经济体制下的"固定工""临时工"等概念并列的一种用工方式，具体是指企业、事业单位通过签订劳动合同录用的从事短期和临时工作的工人，指的是一种用工方式，不同于当前立法中所指的"劳动合同"的概念。

　　20世纪七八十年代，我国进行了社会主义市场经济体制的改革，原来计划经济体制下的劳动用工方式已经不能适应当时的经济社会发展情况。为了建立与社会主义市场经济体制相适应的劳动用工制度，

1986 年 7 月 12 日，国务院颁布了《国营企业实行劳动合同制暂行规定》，其中第 2 条规定："企业在国家劳动工资计划指标内招用常年性工作岗位上的工人，除国家另有特别规定者外，统一实行劳动合同制。用工形式由企业根据生产、工作的特点和需要确定，可以招用五年以上的长期工、一年至五年的短期工和定期轮换工。不论采取哪一种用工形式，都应当按照本规定签订劳动合同。企业招用一年以内的临时工、季节工，也应当签订劳动合同。"这是首次以国家立法的形式提出"劳动合同"这一名词，但是并未对劳动合同的概念作出明确的规定。1994 年 7 月 5 日颁布的《劳动法》进一步确立了劳动合同制度，而且对"劳动合同"的概念作出了规定。《劳动法》第 16 条第 1 款规定："劳动合同是劳动者与用人单位确立劳动关系、明确双方权利和义务的协议。"但是，立法对劳动合同概念的规定过于简单，导致在实践中"劳动合同""劳务合同"等概念的混淆。

劳动法理论界对"劳动合同"概念的诠释也有不同的观点。第一种概念表述为："劳动合同是劳动关系双方当事人确立、变更、终止劳动权利义务关系的协议。"① 第二种表述为："劳动合同，亦称劳动契约、劳动协议，一些国家称雇（用）佣合同，是指劳动者与用人单位之间确立劳动关系，依法协商就双方权利义务达成的协议。"② 第三种表述为："劳动合同，亦称劳动契约或劳动协议，是劳动者与用人单位确立劳动关系，明确双方权利和义务的协议。"③ 以上三种概念表述是我国大陆地区劳动法理论界有代表性的观点，三种表述与我国《劳动法》对劳动合同的概念表述基本一致，都指明了劳动合同对于建立劳动关系的意义，其中所不同的是，第二种和第三种表述还指明了劳动合同制度的历史渊源。但是，从

---

① 郭捷. 劳动法与社会保障法 [M]. 3 版. 北京：中国政法大学出版社，2009：81
② 贾俊玲. 劳动法学 [M]. 北京：北京大学出版社，2003：81
③ 王全兴. 劳动法学 [M]. 北京：高等教育出版社，2004：136

这三种概念表述，我们无从得知"劳动合同"的性质、劳动合同与其他合同的区别等内容。这其中主要的原因是我国"劳动合同"的概念产生于计划经济体制向市场经济体制转轨的过程中，并不是"劳动力市场"自然发展的产物，与"劳动契约"相比，其存在的经济基础、制度背景等都有很大的差异，很难通过抽象概念的形式表述出来。在概念的阐释上，台湾地区的"劳动契约"概念的表述对我们理解"劳动合同"的概念有一定的参考价值。史尚宽先生认为："劳动契约谓受雇人以劳动给付为目的，有偿地为雇佣人所使用之契约。《劳动法（草案）》第 1 条曾规定，劳动契约谓当事人一方（受雇人）对他方（雇佣人）在从属关系提供职业上之劳动而他方给付劳动报酬之契约。"① 这种表述一定程度上揭示出劳动合同的性质以及与民事合同的区别。

综上，我们认为劳动合同是劳动关系的当事人就建立从属性的劳动力有偿使用关系所达成的确立双方变更、终止劳动权利与义务的协议。

二、劳动合同的特征

要深入理解什么是"劳动合同"，还必须结合"劳动合同"产生的时代背景和劳动合同制度的实践要求对其特征进行进一步分析与阐释。众所周知，人类社会进入资本主义阶段，随着生产力的发展，社会生产关系发生了重大变化，形成了一类特定的社会关系——产业雇佣关系，继而形成了规制这类关系的法律部门——劳动法。产业雇佣关系通过契约而建立，我国现行的劳动合同制度虽然不同于"劳动契约"制度，但其存在的社会背景也是社会主义市场经济建立和发展的阶段，劳动合同的特征主要表现在以下几方面。

---

① 史尚宽. 劳动法原论 [M]. 北京：正大印书馆，1978：13

（一）劳动合同主体的特定性

劳动合同的主体是特定的，主要在于劳动合同中的"劳动"的特定化，劳动合同中的"劳动"不同于一般意义上的社会劳动，而是产业社会领域的有偿劳动。在这种劳动关系中，一方主体是"雇佣人"或"雇主"，在我国称为"用人单位"；另一方主体是"雇员"或"雇工"，我国称为"劳动者"。我国《劳动法》对用人单位与劳动者的资格条件作了规定。"用人单位"是我国《劳动法》特有的概念，只在《劳动法》中有所规定，在其他部门法中并未使用此概念。根据我国《劳动法》，"用人单位"不仅限定在产业雇佣领域，还包括政府部门、事业单位和各类组织。对用人单位范围的界定主要取决于用工方式，例如政府部门招用工勤人员时，是通过签订劳动合同确立双方的关系，此时政府部门是"用人单位"一方；而政府部门与录用的公务员建立的关系就不是劳动关系，此时政府部门就不能称为"用人单位"。劳动合同的另一方主体是"劳动者"，"劳动者"这一概念在我国的其他部门法中普遍使用。劳动法上的劳动者是指符合劳动法规定，在具体的劳动法律关系中依法享受劳动权利、承担劳动义务的自然人。

（二）劳动合同的从属性

劳动合同的从属性是指劳动合同的当事人一方"劳动者"对于另一方"用人单位"的从属性。劳动合同不同于民事合同，民事合同主体双方从合同签订、履行、终止的整个过程，地位都是平等的，不存在一方从属于另一方的问题。但是，在劳动合同订立后，劳动者与用人单位之间就形成了事实上的从属关系，劳动者在提供劳动时，必须服从用人单位的指挥、监督、管理等，遵守劳动规章制度，完成劳动任务。

（三）劳动合同的继续性

劳动合同的继续性是指劳动合同的目的不能通过当事人一次性的履行

就能实现，而是在劳动关系存续期间持续存在。在劳动合同运行的过程中，劳动者按照合同约定，持续地提供劳动，用人单位按照约定支付劳动报酬，提供劳动条件和劳动保护等。正是由于劳动合同的继续性特征，劳动者持续不断地付出劳动力，劳动力一旦付出就无法收回，在处理劳动合同无效、解除等引起的溯及力和责任承担等问题上，不能对劳动者付出的劳动适用返还财产、恢复原状等处理方式，而只能采取赔偿损失等处理方式，劳动者已经付出劳动的，也要支付相应的劳动报酬。

（四）劳动合同内容的法定性

劳动合同的内容，即劳动合同主体双方之间的权利和义务。按照传统的私法理论，合同的内容主要由双方在平等、自愿、意思自治的基础上自由协商确定，例如民事合同的内容极少受到国家意志的干预。但劳动合同不同于民事合同的显著特征就是劳动合同当事人之间的关系具有从属性的特征，劳动者在劳动合同履行过程中是从属于用人单位的，这是劳动合同与民事合同的主要区别，而民事合同从订立到履行的整个过程，合同双方当事人的法律地位始终是平等的。虽然劳动合同的内容也允许双方协商确定，但是，劳动合同的内容不得违反法律、行政法规的规定。例如，为了保护劳动者的合同权益，在工资、工时、休假、劳动保护等方面，国家立法具有强制性的标准，当事人在约定劳动合同内容时，不得违反国家的劳动标准。除此之外，集体合同具有劳动标准的效力，劳动合同的约定也不得违反集体合同的规定。

三、劳动合同的分类

按照我国《劳动法》的规定，签订书面劳动合同是建立劳动关系的法律形式，劳动合同的类别不同，双方当事人的权利义务也不同。劳动合同的分类有不同的标准，我国现行的劳动合同制度确立的分类主要以劳动合同的期限和用工形式为标准。

根据《劳动合同法》第 12 条的规定，按照合同期限不同，劳动合同分为固定期限劳动合同、无固定期限劳动合同和以完成一定工作任务为期限的劳动合同。这种分类是各国劳动合同立法通例，也是劳动合同最基本的分类。

1. 固定期限劳动合同

固定期限劳动合同，也称为定期劳动合同，是指用人单位与劳动者明确约定合同终止时间的劳动合同，合同期限届满，如不再依法续订，双方当事人的权利义务关系随即终止。固定期限劳动合同既能在一定程度上保持劳动关系的稳定性，又能促进劳动力的合理流动，但容易产生劳动关系的短期化，尤其不利于处于求职劣势的劳动者。例如，很多劳动者与用人单位签了固定期限劳动合同，随着年龄的增长，劳动者的劳动能力逐渐下降，合同到期后，用人单位拒绝与劳动者续约的情况屡见不鲜。由此可见，固定期限劳动合同更有利于用人单位掌握用工的主动权，节约用工成本。我国 1986 年开始实行劳动合同制度，目的是打破计划经济体制下固定工的"铁饭碗"，促进劳动力自由流动。因此，在《劳动法》与《劳动合同法》的立法中，对于固定期限劳动合同的适用，遵循"契约自由"的原则，当事人订立劳动合同时，可以协商一致，自由选择。就当前的就业全局来看，中国正处于就业的高峰期，每年有大量的农村劳动力和大学毕业生涌向就业市场，劳动力供大于求的情况长期存在，用人单位在劳动力市场上有充分的选择权。实践中，在劳动合同期限的选择上，大部分用人单位占据主导地位，对于技术要求低、可替代性较强的岗位，劳动者很难签订期限较长的劳动合同，因此，固定期限劳动合同在我国成为一种常态性的劳动合同。

2. 无固定期限劳动合同

无固定期限劳动合同，也称不定期劳动合同，是指用人单位与劳动者约定无确定终止时间的劳动合同。无固定期限劳动合同没有确定的终止期限，相对于固定期限劳动合同，更加有利于维持劳动关系的稳定性，同时有利于对劳动者的就业保护，防止用人单位在劳动者度过"黄金年龄"阶段后不再使用劳动者。但是无固定期限劳动合同对于劳动者而言，并非完全的"铁饭碗"，在符合劳动合同解除条件时，用人单位依然可以与劳动者解除劳动合同。许多国家和地区，尤其是劳动力市场相对成熟、劳动立法比较完善的国家和地区将无固定期限劳动合同视为一种常态性的劳动合同。而从我国劳动力市场的情况来看，由于 20 世纪 80 年代实行劳动合同制度的首要任务是打破劳动者的"铁饭碗"，促进劳动力的自由流动，无固定期限劳动合同维护了劳动关系的稳定性，一定程度上限制了劳动力的流动。因此，从目前劳动合同签订的数量来看，固定期限劳动合同的数量远远多于无固定期限劳动合同。我国《劳动法》对无固定期限劳动合同签订条件几乎不加限制。例如，《劳动法》第 20 条第 2 款规定："劳动者在同一用人单位连续工作满十年以上，当事人双方同意续延劳动合同的，如果劳动者提出订立无固定期限的劳动合同，应当订立无固定期限的劳动合同。"根据此规定，无固定期限劳动合同签订的条件主要包括以下几点：第一，劳动者在同一用人单位连续工作满十年；第二，当事人双方都同意续签劳动合同；第三，劳动者提出订立无固定期限劳动合同。同时具备以上三个条件，用人单位才应当履行签订无固定期限劳动合同的义务，但是以上条件尤其是第二个条件，要求双方都同意续签劳动合同，由于用人单位在劳动力市场中的优势地位，对于在用人单位连续工作满十年的劳动者，如果过了就业的"黄金年龄"，大多数情况下，用人单位不会同意续签劳动合同。因此，实践中，无固定期限劳动合同签订的数量非常有限。2007 年 6 月 29 日通过、自 2008 年 1 月 1 日开始施行的《劳动合同法》为了改变这种情况，增加无固定期限劳动合同的签订数量，保护劳动者的合法权益，对无固定期限劳动合同签订的情形作了明确规定。根据《劳动合同法》的相关规定，无固定期限劳动合同签订的情形主要包括以下几种：

（1）用人单位与劳动者协商一致，可以订立固定期限劳动合同。根据《劳动合同法》第14条的规定，用人单位与劳动者协商一致，可以订立无固定期限劳动合同。劳动合同的期限是劳动合同的内容之一，劳动合同的内容由合同双方当事人在平等自愿的基础上，协商一致确定。如果劳动者与用人单位双方就订立无固定期限劳动合同经过协商，达成了一致，可以订立无固定期限劳动合同。

（2）对于在同一用人单位连续工作满一定年限的劳动者，用人单位有签订无固定期限劳动合同的义务。根据《劳动合同法》第14条的规定，这类情况主要包括两种具体情形：①劳动者在该用人单位连续工作满十年，劳动者提出订立无固定期限劳动合同的，用人单位应当与该劳动者签订无固定期限劳动合同。在同一用人单位连续工作时间比较长的劳动者，对用人单位的劳动贡献较大，同时，这些劳动者与用人单位建立了长期稳定的劳动关系。维持双方的劳动关系不仅有利于保障劳动者的就业权益，也有利于促进劳动关系的和谐发展。因此，根据立法规定，符合以上条件时，用人单位有与劳动者签订无固定期限劳动合同的义务。②用人单位初次实行劳动合同制度或者国有企业改制重新订立劳动合同时，劳动者在该用人单位连续工作满十年且距法定退休年龄不足十年的，劳动者提出订立无固定期限劳动合同。在企业改制的过程中，很多老职工接近退休年龄，在求职就业时存在一定的困难，为了保护企业老职工的就业权益，用人单位在法定情形下有签订无固定期限劳动合同的义务。

（3）对于连续订立两次固定期限劳动合同，且劳动者没有《劳动合同法》第39条和第40条第1项、第2项规定的情形，续订劳动合同的，劳动者提出订立无固定期限劳动合同，用人单位有签订无固定期限劳动合同的义务。只要连续订立两次固定期限劳动合同，且没有用人单位依法可以解除劳动合同的情形，当事人续订劳动合同时，劳动者提出订立无固定期限劳动合同，用人单位就应当与其订立。实践中对于这项规定的理解，主要是对第二次固定期限劳动合同到期时，用人单位是否有权终止，有两种不同的观点：第一种观点认为，第二次固定期限劳动合同到期时，用人单位有权选择终止劳动合同。此种观点认为，《劳动合同法》第 14 条并未否定用人单位到期终止劳动合同的权利，其中立法中"续订劳动合同的"，表明这种情形下，用人单位履行签订无固定期限劳动合同义务的条件是以双方同意续订为前提，如果用人单位不同意续订劳动合同，当然可以终止劳动关系。第二种观点认为，第二次固定期限劳动合同到期时，用人单位无权终止劳动合同，只要劳动者提出或者同意续订劳动合同的，用人单位就应当与其订立无固定期限劳动合同。此时，是否订立无固定期限劳动合同的决定权在劳动者手里。如果劳动者提出订立无固定期限劳动合同，用人单位就有强制缔约义务。笔者认为第一种观点较为合理，如果第二次固定期限劳动合同到期时，否定了用人单位终止劳动合同的权利，用人单位只能订立一次固定期限劳动合同。对用人单位用工自主权的限制，可能导致用人单位在第一次固定期限劳动合同到期时，不再选择与劳动者续约，不利于维持劳动关系的稳定性，不符合用工实际。

四、劳动关系与劳动合同的关系

我国《劳动法》第 16 条第 2 款规定，建立劳动关系应当订立劳动合同。第 19 条规定，劳动合同应当以书面形式订立。《劳动合同法》第 3 条第 2 款规定，依法订立的劳动合同具有约束力，用人单位与劳动者应当履行劳动合同约定的义务。第 7 条又规定，用人单位自用工之日起即与劳动者建立劳动关系。第 10 条规定，建立劳动关系，应当订立书面劳动合同。已建立劳动关系，未同时订立书面劳动合同的，应当自用工之日起一个月内订立书面劳动合同。上述规定客观上造成了劳动关系与劳动合同关系存续状态上的不一致。那么，正确认识劳动关系与劳动合同的关系，是我们面临的重要问题。

（一）订立书面劳动合同是劳动关系建立的法定条件

我国《劳动法》与《劳动合同法》都把签订书面劳动合同作为劳动关系建立的标志。那么，是否未签订书面劳动合同，劳动关系就无法建立呢？答案当然是否定的，法律规定建立劳动关系，应当签订书面劳动合同，目的是通过劳动合同书面化，明确双方的权利和义务，保护劳动者的利益，一旦发生纠纷，当事人便于提供证据。但是，由于劳动关系标的的特殊性，如果劳动者已经向用人单位提供了劳动，形成了事实上的劳动关系，即使未签订书面劳动合同，也不能否认劳动关系的产生，同样要保护劳动者的利益。《劳动合同法》一方面规定了签订书面劳动合同的时间，另一方面用双倍工资和签订无固定期限劳动合同作为用人单位在法定期间内未签订书面劳动合同的后果。事实上，并非所有的国家都把书面形式作为劳动合同的法定形式。在劳动力市场相对发达的国家，劳动合同双方当事人的诚信度较高，权利意识较强，同时，这些国家的劳动法律制度较为完善，集体合同和集体协商制度发达，因而在劳动合同的形式上不做严格的要求。当前我国虽然已经进入社会主义市场经济深入发展的时期，劳动力市场也逐步发展，但劳动力的市场化机制仍不完善，集体协商和集体合同制度不发达，市场诚信度有待提高，劳动者与用人单位势力不均衡，实行劳动合同的书面化，有利于加强对处于弱势地位的劳动者的权益保护。

（二）劳动关系建立的标志是"用工"

我国《劳动法》第 16 条第 2 款规定，建立劳动关系应当订立劳动合同。这条规定的内涵是劳动合同的订立是劳动关系建立的必要条件，目的是实现书面劳动合同的普及化，劳动关系建立的规范化。但是，对于未订立劳动合同，劳动关系是否建立，并未提及，导致在实践中产生了将"是否签订劳动合同"作为判断劳动关系是否存在的标准。如前所述，劳动合同的签订与劳动关系的建立是两码事，劳动关系的标的是"劳动"，劳动者一旦向用人单位付出了劳动，就无法收回，其与用人单位就产生了劳动关系。因此，《劳动合同法》对此问题做了明确的规定，将劳动关系建立的标志确定为"用工"。《劳动合同法》第 7 条规定，用人单位自用工之日起即与劳动者建立劳动关系。实践中，由于劳动合同的签订与实际用工时间的不一致，可能产生三种情况：第一种情况是，劳动合同签订在先，实际用工在后。这种情况下，劳动合同签订后劳动者没有实际提供劳动，劳动关系尚未建立，《劳动法》上的某些权利如社会保险权，劳动者并不享受，当然劳动义务也不需履行。如果在实际用工之前一方违反劳动合同，要承担违约责任。第二种情况是，劳动合同签订与实际用工一致，这种情况下劳动关系建立与劳动合同订立同时进行。第三种情况是，实际用工在前，劳动合同签订在后，这种情况下，劳动关系自用工之日起建立，劳动者的合法权益受劳动法保护，同时当事人有在法定期间内签订书面劳动合同的义务。

（三）劳动关系与劳动合同关系的联系

在劳动法理论上，"劳动关系"极少作为法学界研究的范畴，因而在法律上也并未界定其概念。劳动合同关系主要是当事人明确双方的权利义务而发生的合同关系。① 市场经济体制下，劳动力资源配置依靠市场配置手段，劳动关系的建立主要通过签订劳动合同的方式。20 世纪

---

① 喻术红. 劳动合同法专论［M］. 武汉：武汉大学出版社，2009：11

70 年代末我国进入社会主义市场经济体制的改革与发展阶段，劳动力资源的配置从原来依靠行政手段转变为依靠市场手段。1986 年我国开始试行劳动合同制度，根据我国《劳动法》与《劳动合同法》的规定，建立劳动关系应当签订书面劳动合同。这一规定表明，劳动合同的签订是建立劳动法律关系的必要条件，劳动合同关系是劳动关系的法律形式。① 但是由于我国劳动合同制度的建立是通过改革的方式逐步推进的，在这一过程中，国家通过立法界定了劳动合同制度的适用范围，即劳动法的适用范围。这意味着，在劳动力资源配置完全市场化的情形下，劳动关系就是劳动合同关系，但在我国，劳动合同制度的施行是自上而下通过改革推动的，这就造成当前劳动合同关系与非劳动合同关系并存的局面，劳动法仅适用于劳动合同关系，对于非劳动合同关系，如国家机关与公务员之间的关系适用《公务员法》的规定，家庭用工或自然人用工关系适用民法的规定。

第二节　劳动合同订立中的法律问题

劳动合同的订立是指劳动者与用人单位之间依法就双方的权利义务协商一致，设立劳动合同法律关系的法律行为。② 劳动合同的订立不仅是签订劳动合同的法律行为，还包括与签订劳动合同相关的其他法律行为，是为设立劳动法律关系而为的一系列法律行为的总称。

① 喻术红. 劳动合同法专论 [M]. 武汉：武汉大学出版社，2009：11
② 沈同仙. 劳动法学 [M]. 北京：北京大学出版社，2009：66

一、劳动合同订立的原则

劳动合同订立的原则是指劳动合同当事人订立劳动合同应当遵循的基本指导思想和准则。我国《劳动合同法》第 3 条规定："订立劳动合同，应当遵循合法、公平、平等自愿、协商一致、诚实信用的原则。"

（一）平等自愿原则

平等自愿原则是指当事人的法律地位平等，订立劳动合同是出自当事人的意愿，不受任何单位与个人的非法干预。平等自愿原则是任何合同订立都必须遵守的共同原则。虽然在劳动关系运行的过程中，劳动者从属于用人单位，但在订立劳动合同时，当事人法律地位是平等的，任何一方不享有优于另一方的特权，同时，一方有权自由决定是否与另一方建立劳动合同关系，这就排除了当事人非自愿情形下订立的劳动合同的效力，例如因受到胁迫而订立的劳动合同是无效的。

（二）协商一致原则

协商一致原则指劳动合同的内容、条款，在法律、法规允许的范围内，由双方当事人共同讨论、协商，在取得完全一致的意思表示后确定。协商一致原则也是订立合同所应当遵循的共同原则。由于劳动合同订立的程序和形式不同，劳动合同内容协商的方式也不同，因此，《关于贯彻执行〈中华人民共和国劳动法〉若干问题的意见》第 16 条规定："用人单位与劳动者签订劳动合同时，劳动合同可以由用人单位拟定，也可以由双方当事人共同拟定，但劳动合同必须经双方当事人协商一致后才能签订，职工被迫签订的劳动合同或未经协商一致签订的劳动合同为无效劳动合同。"但是，由于劳动合同具有较强的法定性，劳动合同双方当事人对合同内容的协商要受到劳动基准和集体合同的限制。

（三）合法原则

合法原则，即遵守法律、法规原则，指劳动合同的订立应当符合法律、行政法规的要求。具体而言，合法原则包括以下几个方面的内容。

（1）主体合法，即劳动合同的双方当事人必须具备合法的资格。作为劳动者，应当具有劳动权利能力和劳动行为能力，即必须年满16周岁，符合身体健康、智力健全、行动自由等条件。用人单位必须是依法成立的企业、个体经济组织、国家机关、事业单位、社会团体、民办非企业单位及律师事务所、会计师事务所、基金会等组织。

（2）内容合法，即劳动合同的条款必须符合法律、行政法规的规定。《劳动合同法》规定了劳动合同的必备条款和可备条款，当事人在确定劳动合同的条款时，不得缺少必备条款。另外，拟定可备条款时，也必须符合法律规定，例如，《劳动合同法》规定，当事人可以在劳动合同中约定试用期，但是，对于试用期的期限及次数做了限制，如果当事人约定的试用期期限不符合法律规定，就会导致约定的试用期无效的法律后果。

（3）形式合法，即劳动合同的形式应当符合法律规定。我国《劳动合同法》第10条第1款规定："建立劳动关系，应当订立书面劳动合同。"因此，书面形式是劳动合同的法定形式，在我国，除非全日制用工外，劳动合同需要以书面形式订立。对于不订立书面劳动合同的，要依法承担相应的法律后果。

（四）诚实信用原则

诚实信用原则源于民法理论，是市场经济活动中形成的道德准则。在民法中，诚实信用是《合同法》的一项基本原则，劳动合同订立的诚实信用原则指当事人在订立劳动合同时要诚实守信，不损害他人利益和社会利益。例如，《劳动合同法》第 8 条规定："用人单位招用劳动者时，应当如实告知劳动者工作内容、工作条件、工作地点、职业危害、安全生产状况、劳动报酬，以及劳动者要求了解的其他情况；用人单位有权了解劳动者与劳动合同直接相关的基本情况，劳动者应当如实说明。"这就是诚实信用原则的体现。

二、劳动合同的先合同义务

劳动合同的先合同义务是指劳动合同订立过程中，劳动合同的双方当事人基于诚实信用原则而依法承担的告知、协助、保密等义务。根据《劳动合同法》第 8 条、第 9 条的规定，劳动合同的先合同义务主要有以下两个方面。

（一）如实告知义务

劳动关系是劳动者在用人单位的指挥、监督、管理下提供劳动的过程中所产生的社会关系。订立劳动合同是建立劳动关系的法律形式，在劳动合同订立前，双方都有权充分了解对方的相关信息，以便对是否与对方建立劳动关系作出抉择，这就需要劳动合同的当事人提供全面、真实可靠的信息资料。《劳动合同法》第 8 条规定："用人单位招用劳动者时，应当如实告知劳动者工作内容、工作条件、工作地点、职业危害、安全生产状况、劳动报酬，以及劳动者要求了解的其他情况；用人单位有权了解劳动者与劳动合同直接相关的基本情况，劳动者应当如实说明。"立法规定当事人如实告知义务的目的是保证缔约时当事人信息的对称，由于劳动者与用人单位订立劳动合同时掌握的信息不对称，立法在对告知义务的分配上赋予了劳动者更多的知情权。在劳动合同订立时，用人单位的如实告知的内容范围更广一些。用人单位的如实告知义务主要包括两部分内容：第一是主动告知的内容，包括劳动者工作内容、工作条件、工作地点、职业危害、安全生产状况、劳动报酬。第二是被动告知的内容，即劳动者要求了解的其他情况。劳动者如实告知内容的范围相对于用人单位要小一些，即与劳动合同直接相关的基本情况。

如实告知义务是劳动合同订立时当事人需要履行的法定义务，违反了如实告知义务，即应当告知而没告知或告知信息不真实，就可能构成欺诈。因欺诈而订立的劳动合同是无效的劳动合同，给对方造成损害的，有过错的当事人要依法承担赔偿责任。

（二）用人单位不得要劳动者提供担保的义务

劳动者与用人单位建立劳动关系的目的是通过劳动获得劳动报酬，维持自己及家人的生活，劳动者的劳动力是与其人身紧密结合在一起，不可分割的。劳动者有提供劳动的自由，也有不提供劳动的自由。劳动者与用人单位签订了劳动合同以后，仍有解除劳动合同的自由。用人单位不得强迫劳动者订立劳动合同，履行劳动义务，也不得通过扣押劳动者居民身份证或其他证件、要求劳动者提供担保或者向劳动者收取财物的形式强迫劳动者履行劳动义务。我国《劳动合同法》第9条规定："用人单位招用劳动者，不得扣押劳动者的居民身份证和其他证件，不得要求劳动者提供担保或者以其他名义向劳动者收取财物。"

三、劳动合同订立中的特殊问题

（一）就业歧视及法律规制

劳动者有平等就业和选择职业的权利，任何用人单位在与劳动者订立劳动合同的过程中，都不得实施歧视行为。然而，由于受劳动力市场供求关系及用人单位用工成本等因素的影响，劳动者在求职就业时受到歧视的现象屡见不鲜，如何对就业歧视行为进行法律规制，维护劳动者的就业权益，成为当前立法与实践中面临的一个重要的问题。

1. 就业歧视的认定

"歧视"是指不公平的对待，就业歧视，顾名思义，就是指劳动者在求职就业过程中，受到不公平的对待。劳动者能否获得就业岗位，直接关系到劳动者能否通过劳动获得生存资源，从而实现生存权，因此，保障劳动者平等地获得就业机会、防止就业歧视，成为立法和司法实践中重点关注的问题。我国《劳动法》第12条规定："劳动者就业，不因民族、种族、性别、宗教信仰不同而受歧视。"《就业促进法》第26条规定："用人单位招用人员、职业中介机构从事职业中介活动，应当向劳动者提供平等的就业机会和公平的就业条件，不得实施就业歧视。"那么，何为"就业歧视"？根据国际劳工组织在第111号《消除就业和职业歧视公约》（以下简称《公约》）中的定义，就业歧视是指基于种族、肤色、性别、宗教、政治见解、民族血统或社会出身的任何区别、排斥或特惠，其效果为取消或损害就业或职业方面的机会平等或待遇平等。同时，《公约》对歧视的例外情形作了规定，即"对一项特定职业基于其内在需要的任何区别、排斥或优惠不应视为歧视"。我国的《劳动法》明确了就业歧视的类型，包括民族歧视、种族歧视、性别歧视、宗教信仰歧视，《就业促进法》在此基础上增加了健康歧视和户籍歧视。

由此可见，就业歧视的认定条件包括以下几个方面：①歧视原因，包括民族、种族、性别、宗教、社会出身、健康等，但不限于这些类型。我们认为，凡是与劳动者工作能力与工作岗位特点无关的，且不符合法律对特殊群体照顾的需要，而采取的损害劳动者平等就业权的任何区别、排斥或优惠，都是就业歧视。②歧视领域，涉及与就业有关的各种权利，包括获得职业的权利、获得报酬的权利、休息休假的权利、获得劳动安全卫生保护的权利、接受职业培训及享受社会保险和福利等方面的权利等。劳动者在求职就业时受到歧视，主要是获得职业机会的歧视及工资待遇方面的歧视等，即用人单位在招聘过程中，对于条件相同或相近的劳动者，基于某些与工作能力或工作岗位无关的因素，而不能给予其平等的就业机会或在工资、工作岗位安排等方面不能提供平等待遇。③歧视例外，对于特定群体劳动者的优惠，不属于歧视，例如对于女职工的职业保护，对于少数民族的优惠政策，等等。另外，由于工作岗位本身对劳动者劳动能力的限制，不视为歧视，例如，对残疾人或传染病人从事某些职业的限制，不视为就业歧视。

2. 就业歧视的司法救济

劳动者在求职就业的过程中遭遇到就业歧视，如何救济自己的权利是当前面临的一个重要问题。劳动者与用人单位发生劳动争议，可以通过劳动争议处理方法来维护自己的权利，但是，劳动争议案件的受理是以劳动者与用人单位之间建立劳动关系为前提的，劳动者遭遇就业歧视，尤其是求职时受到歧视，由于劳动关系并未建立，不属于劳动争议的受案范围。因此，在《就业促进法》颁布实施之前，劳动者受到就业歧视，如何通过司法途径寻求救济，立法并未回应。2007 年 8 月 30 日通过，2008 年 1 月 1 日起施行的《就业促进法》第 62 条规定："违反本法规定，实施就业歧视的，劳动者可以向人民法院提起诉讼。"这就意味着劳动者在求职过程中受到歧视，可以直接去人民法院提起诉讼，而不是通过劳动争议处理方式来解决。虽然立法明确规定了就业歧视的司法救济途径，但对于就业歧视争议的性质、相关审判程序、举证责任的分配等问题并未做详细规定，有待进一步完善。

（二）就业协议的法律性质

就业协议是《全国普通高等学校毕业生就业协议书》的简称，即我们俗称的"三方协议"，即毕业生、用人单位和学校三方签订的预约用人单位接收毕业生的书面协议。就业协议是我国劳动力资源配置从计划转向市场过渡阶段的产物。20世纪90年代，大学生就业开始依托市场，高校毕业生在签订劳动合同之前，需要先签订就业协议，就业协议签订的目的是约束大学生与用人单位将来订立劳动合同的行为，学校一方代表教育行政部门承担保证或担保责任。就业协议不同于劳动合同，首先，劳动合同的主体不同于就业协议，劳动合同的主体是劳动者和用人单位，而就业协议的主体是大学生、用人单位和学校三方。其次，劳动合同的内容不同于就业协议，劳动合同是劳动者与用人单位在劳动关系存续过程中所应享有的权利和承担的义务，而就业协议的内容主要围绕大学生与用人单位将来签订劳动合同的情形。同时，就业协议也不同于其他公法上的协议和私法上的契约。我国目前关于就业协议的立法存在空白，但是并非意味着就业协议不具有任何法律效力。就业协议的内容主要是预约大学生与用人单位签订劳动合同的行为，在实践中，学校作为一方当事人应当逐步退出"三方协议"，充分尊重当事人的自由意志，使就业协议真正产生契约的法律效力。当前，在实践中，就业协议纠纷鲜有发生，即使发生纠纷，一般通过协商的方式解决了。如若通过司法途径解决，一般参照民法的相关规定来处理就业协议纠纷。

第三节 劳动合同的法律效力

一、劳动合同的成立与生效

劳动合同依法订立后，产生相应的法律效力，才对当事人具有约束力。那么，劳动合同要产生法律效力，需具备什么样的条件？要弄清此问题，首先必须明确劳动合同"成立"与"生效"的含义。劳动合同的成立是指劳动合同缔约双方当事人因意思表示一致而达成合意的客观状态。劳动合同成立要件包括：①当事人作出完整的意思表示；②当事人的意思表示以订立劳动合同为目的；③当事人的意思表示一致。具备以上三个条件，劳动合同就成立了。例如，劳动者甲去到用人单位 A 公司参加面试，A 公司录取了甲，并与甲协商确定了工作岗位、工资待遇、社会保险及福利等，那么，甲与 A 公司之间的劳动合同成立。那么，双方的劳动合同是否产生法律效力呢？还要进一步审查双方签订的劳动合同是否符合法律相关规定，这就涉及劳动合同生效的问题。劳动合同生效是指依法成立的劳动合同，对双方当事人具有法律约束力。《劳动合同法》第 3 条第 2 款规定："依法订立的劳动合同具有约束力，用人单位与劳动者应当履行劳动合同约定的义务。"这就意味着劳动合同必须符合生效的要件，才能产生相应的法律效力。

二、劳动合同生效要件

劳动合同具备生效要件是产生法律效力的前提，我国立法关于劳动合同生效的要件散见于《劳动法》和《劳动合同法》的相关规定中。从理论上讲，劳动合同要产生法律效力，必须具备以下要件。

（1）劳动合同主体合法，即劳动合同双方当事人必须具备法定的主体资格。劳动者的资格条件必须符合劳动法的规定，具备劳动权利能力和劳动行为能力。用人单位必须依法成立，同时属于劳动法适用范围内的用人单位。

（2）当事人意思表示真实，即劳动合同双方当事人在订立劳动合同时内心的意思与外在表现一致，不存在欺诈、胁迫、乘人之危等意思表示不真实、不自由的情形。

（3）劳动合同的内容及形式合法，即劳动合同的内容不得违反法律、行政法规的强制性规定及社会公共利益，同时还要符合国家劳动基准、集体合同的规定。另外，订立劳动合同应当采取法律规定的特定形式。例如，我国立法规定，除非全日制用工外，劳动合同应当采取书面形式。

（4）劳动合同订立程序合法，即劳动合同订立应当符合法定的程序。我国《劳动法》与《劳动合同法》并未就劳动合同订立的程序作出严格的限制，实践中，除非对于某些特殊的劳动合同，基于加强监管的需要，立法规定了合同订立的法定程序，例如，对于涉外劳动合同，立法规定需要备案的，应当向劳动行政主管部门备案。

三、我国无效劳动合同制度

（一）我国无效劳动合同制度的内容

我国立法最早确立无效劳动合同制度的是《劳动法》，其中第 18 条规定："下列劳动合同无效：（一）违反法律、行政法规的劳动合同；（二）采取欺诈、威胁等手段订立的劳动合同。"同时规定了劳动合同无效的确认机关，即"劳动合同的无效，由劳动争议仲裁委员会或者人民法院确认"。第 97 条又规定了无效劳动合同的法律责任，即"由于用人单位的原因订立的无效合同，对劳动者造成损害的，应当承担赔偿责任"。

《劳动法》实施后，劳动部 1995 年颁布的《关于贯彻执行〈中华人民共和国劳动法〉若干问题的意见》对无效劳动合同作了进一步规定，该意见第 27 条规定："无效劳动合同是指所订立的劳动合同不符合法定条件，不能发生当事人预期的法律后果的劳动合同。劳动合同的无效由人民法院或劳动争议仲裁委员会确认，不能由合同双方当事人决定。"此条规定对无效劳动合同的概念作了解释。

无效劳动合同制度确立后，针对司法实践中存在的法律适用问题，最高人民法院 2001 年 3 月 22 日通过的《关于审理劳动争议案件适用法律若干问题的解释（一）》第 14 条规定："劳动合同被确认为无效后，用人单位对劳动者付出的劳动，一般可参照本单位同期、同工种、同岗位的工资标准支付劳动报酬。根据《劳动法》第 97 条规定，由于用人单位的原因订立的无效合同，给劳动者造成损害的，应当比照违反和解除劳动合同经济补偿金的支付标准，赔偿劳动者因合同无效所造成的经济损失。"上述司法解释对于劳动合同无效后权利义务的分配及法律责任的承担做了进一步规定，以解决司法实践中无效劳动合同相关问题的处理难题。

《劳动合同法》进一步拓展了无效劳动合同制度，主要表现在以下几个方面：

（1）增加了劳动合同无效的情形。《劳动合同法》第 26 条规定："下列劳动合同无效或者部分无效：（一）以欺诈、胁迫的手段或者乘人之危，使对方在违背真实意思的情况下订立或者变更劳动合同的；（二）用人单位免除自己的法定责任、排除劳动者权利的；（三）违反法律、行政法规强制性规定的。"由此可见，《劳动合同法》对于意思表示不真实而导致劳动合同无效的，增加了"乘人之危"这种情形。同时，增加了"用人单位免除自己的法定责任、排除劳动者权利"这种情形。这主要是防止实践中用人单位通过劳动合同中的约定条款来排除劳动者的法定权利。

（2）将"违反法律、行政法规的劳动合同无效"的情形限定为"违反法律、行政法规强制性规定的"，一定程度上弱化了国家对劳动合同效力的干预，有利于劳动力市场的形成和劳动关系的稳定。

（3）针对劳动关系的特点，增加了劳动合同无效后当事人权利义务的分配。《劳动合同法》第 28 条规定："劳动合同被确认无效，劳动者已付出劳动的，用人单位应当向劳动者支付劳动报酬。劳动报酬的数额，参照本单位相同或者相近岗位劳动者的劳动报酬确定。"由于劳动合同的标的是劳动者的劳动，劳动不同于其他给付标的，而是一经付出，不能收回。因此，劳动合同被确认无效后，并非可以像民事合同无效后一样，回复到合同关系建立之前的状态。为了补偿劳动者劳动力的付出，从保障劳动者生存权的视角，应当给付劳动者劳动报酬。

（4）进一步明确了劳动合同无效后的法律责任。《劳动法》第 97 条规定："由于用人单位的原因订立的无效合同，对劳动者造成损害的，应当承担赔偿责任。"《劳动合同法》第 86 条规定："劳动合同依照本法第二十六条规定被确认无效，给对方造成损害的，有过错的一方应当承担赔偿责任。"由此可见，《劳动合同法》在劳动合同无效后的法律责任部分，增加了"因劳动者过错而导致劳动合同无效时应承担的法律责任"这一部分，兼顾了用人范围的合法利益。

（二）我国无效劳动合同制度的完善建议

1. 无效劳动合同制度的价值取向问题

自《劳动法》确立劳动合同无效制度，直到《劳动合同法》进一步完善无效劳动合同制度，对于无效劳动合同制度是维护国家利益、公共利益还是劳动者利益的问题，立法取向较为模糊。尤其是《劳动合同法》对劳动合同无效条件的规定过于简单且严格。确认劳动合同无效不应成为立法目的，而应成为保护劳动者利益的手段。劳动合同无效后，对于劳动关系中处于弱势地位的劳动者损害更大。同时，我国劳动合同无效的条件规定过于严格，造成更多的劳动合同被确认无效，不利于维持劳动关系的

082 ── 劳动关系法律问题研究 ──

稳定性。无效劳动合同制度的价值应当在保护劳动者合法权益的基础上，放宽劳动合同生效要件，谨慎适用劳动合同无效要件，尽量减少无效劳动合同的数量，维护劳动关系的和谐稳定。

2. 建立劳动合同可撤销制度

可撤销制度是民事合同中一项重要制度，我国《劳动合同法》并无可撤销制度的规定，有学者探究其原因时，认为可撤销合同是建立在合同当事人法律地位平等基础上，劳动合同中劳动者事实上处于弱势地位，这种弱势地位使法律规定对劳动者可能不具有实际意义。① 笔者认为，可撤销制度是当事人在订立合同时因意思表示不真实，法律允许撤销权人通过行使撤销权而使已经生效的合同归于无效。② 可撤销制度适用于因意思表示不真实而订立的合同，合同必须由撤销权人行使撤销权才能撤销，撤销权人也可变更合同内容。可撤销制度适用于劳动合同并非不利于劳动者权益的保护。首先，因意思表示不真实而订立的劳动合同并非都不利于劳动者。其次，撤销权与劳动合同的人身性特征相适应，因意思表示不真实订立劳动合同而未违反国家利益、公共利益时，撤销权人决定劳动合同的效力，有利于保护劳动者的合法权益。最后，可撤销制度有利于劳动关系的和谐稳定。劳动合同无效制度的设置应以保护劳动者的合法权益，维护劳动关系和谐稳定为出发点。对于违反国家利益、公共利益、第三人利益和劳动者合法权益的劳动合同，应当认定为无效劳动合同，但是对于因欺诈、胁迫、乘人之危而订立的劳动合同，在不违反国家利益、公共利益、第三人利益时，应当在保护劳动者合法权益的基础上，赋予受害方撤销权，以维持劳动关系的稳定性。

---

① 冯涛. 劳动合同法研究［M］. 北京：中国检察出版社，2008：139-140

② 王利明. 合同法研究［M］. 北京：中国人民大学出版社，2003：663

第四节　劳动合同的内容

一、劳动合同的主要条款

劳动合同的条款是劳动者与用人单位在建立劳动关系时，在平等自愿的基础上，通过协商，就双方具体的权利义务达成一致而固定下来的内容，是当事人合意的结果。由于劳动合同相对于民事合同而言具有较强的法定性，体现在劳动合同条款的确定上，除了包括当事人协商一致约定的条款以外，还有一部分法定的必备条款。

根据《劳动合同法》第 17 条的规定，劳动合同的必备条款包括：①用人单位的名称、住所和法定代表人或者主要负责人；②劳动者的姓名、住址和居民身份证或者其他有效身份证件号码；③劳动合同期限；④工作内容和工作地点；⑤工作时间和休息休假；⑥劳动报酬；⑦社会保险；⑧劳动保护、劳动条件和职业危害防护；⑨法律、法规规定应当纳入劳动合同的其他事项。

劳动合同的可备条款，也称约定条款，是劳动合同当事人约定的法定必备条款以外的，通过当事人协商一致而确定的条款。约定条款并不是所有劳动合同都具备的，是法定必备条款的补充，只要不违反法律、行政法规强制性规定，劳动合同当事人可以在协商一致的基础上任意约定。可备条款可分为法定可备条款和任意可备条款。法定可备条款是法律规定的劳动合同可以具备的条款。例如，根据《劳动合同法》第 17 条第 2 款的规定："劳动合同除前款规定的必备条款外，用人单位与劳动者可以约定试用期、培训、保守秘密、补充保险和福利待遇等其他事项。"立法对法定可备条款的内容做了限制性的规定，劳动合同当事人必须依法选择适用这些条款。对于其他任意约定的可备条款可根据劳动合同的具体情况，在协商一致的基础上，由当事人自由确定。

二、试用期相关法律问题

（一）试用期的含义

关于劳动合同的试用期的含义，学界的观点有一定的差异。例如，有的学者认为："劳动合同试用期是指用人单位和劳动者在没有建立正式劳动关系前，为了相互了解而约定的不超过六个月的考察期。用人单位对劳动者思想品德、劳动态度等进一步观察的时间期限，也是劳动者对用人单位是否符合自己的择业要求的体验，是双向选择的结果。"[①] 这种观点把试用期看作一个双方考验期，即劳动者与用人单位双方互相考察的期限。而有的学者把试用期看成一种单方的评价期，即"从用人单位的视角出发，考察劳动者是否适合所应聘职务的要求，从而决定是否签订正式劳动合同，这种试用期的特点就是定期和评测。"[②] 笔者认为，试用期是劳动合同当事人双方协商确定的，而不是用人单位一方确定，是用人单位和劳动者为相互了解而约定的一定期限的考察期。

（二）试用期的法律特征

（1）试用期是双方合意产生的。由以上试用期概念的分析可见，试

---

① 王全兴. 劳动法 [M]. 北京：法律出版社，2017：148

② 孙国华. 中国特色社会主义法律体系研究——概念、理念、结构 [M]：北京：中国民主出版社，2009：15-18

用期是双方考察期，试用期条款是劳动合同的约定条款，试用期的确定必须经过双方当事人协商一致，任何一方单方确定的试用期是无效的。

（2）试用期包含在劳动合同的期限内。根据《劳动合同法》的规定，试用期包含在劳动合同期限内，是劳动合同期限的一部分。因此，劳动合同不能只约定试用期，否则，违背了试用期制度的立法目的和宗旨。

（3）试用期间的劳动关系状态不稳定，劳动合同解除权的实现相对容易。劳动合同的功能不仅在于明确劳动者与用人单位之间的权利义务，还在于确立双方的劳动关系。但是，劳动关系在运行过程中有很多不确定因素，当事人在劳动合同签订时对于未来劳动关系的发展不可能完全预知。因此，需要一定的期限去了解、考察、适应对方，从而决定是否继续履行合同。例如，《劳动合同法》第 39 条规定"在试用期间被证明不符合录用条件的"，用人单位可以解除劳动合同。《劳动合同法实施条例》第 18 条规定"劳动者在试用期内提前 3 日通知用人单位的"，可以解除劳动合同。

（4）试用期间用人单位对劳动者的考核标准主要以录用条件为依据。由于试用期是劳动合同当事人双方相互考察的期限，试用期内劳动关系相对不稳定，为防止用人单位试用期内滥用解除权，损害劳动者的权益，《劳动合同法》规定，用人单位在试用期内解除劳动合同的条件是"不符合录用条件"。因此，在试用期间，用人单位对劳动者的考核必须以"录用条件"为依据。笔者认为，用人单位要明确招聘岗位的录用条件，该录用条件既包括用人单位明示的条件，也包括招聘岗位所必需的基本条件。

（三）我国试用期制度的立法现状

《劳动法》对试用期的期限、试用期内劳动合同的解除作了规定。《劳动法》第 21 条规定："劳动合同可以约定试用期。试用期最长不得超过六个月。"该条规定了试用期的上限。第25条第1项规定了用人单位试用期内解除劳动合同的条件是"在试用期间被证明不符合录用条件的"。此外，根据第32条第1项规定，劳动者在试用期内享有任意解除劳动合同的权利，而不需要提前告知和说明理由。

《劳动合同法》对试用期的规定进一步具体化，主要表现在以下几个方面：

（1）结合劳动合同期限设定试用期期限的限制。《劳动法》第21条规定："劳动合同可以约定试用期。试用期最长不得超过六个月。"该条规定对劳动合同试用期的限制采取了"一刀切"的模式，统一规定为"不得超过六个月"，没有考虑到劳动合同期限的长短，导致试用期长短与劳动合同期限长短不相适应，滥用试用期侵犯劳动者权益的情况屡见不鲜。《劳动合同法》考虑到该情况，对试用期期限的限制进一步具体化，结合劳动合同期限的长短来设定试用期期限的限制。《劳动合同法》第19条第1款规定："劳动合同期限三个月以上不满一年的，试用期不得超过一个月；劳动合同期限一年以上不满三年的，试用期不得超过二个月；三年以上固定期限和无固定期限的劳动合同，试用期不得超过六个月。"这就使得试用期的长短与劳动合同期限的长短相适应，相对于"一刀切"限制的模式更加公平合理。

（2）明确了约定试用期的次数。由于试用期内劳动关系相对不稳定，劳动合同解除权的实现较容易，用人单位往往滥用试用期来减少用工成本，降低用工风险。有些用人单位通过调整工作岗位或其他方式，多次与劳动者约定试用期，导致劳动者的合法权益受到侵害。《劳动合同法》第19条第2款规定："同一用人单位与同一劳动者只能约定一次试用期。"由此可见，即使用人单位调整了劳动者的工作岗位，也不能重新约定试用期。

（3）明确了试用期内劳动者的待遇。《劳动合同法》第20条规定：

"劳动者在试用期的工资不得低于本单位相同岗位最低档工资或者劳动合同约定工资的百分之八十，并不得低于用人单位所在地的最低工资标准。"劳动合同的试用期是劳动合同期限的一部分，试用期内，劳动者与用人单位的劳动合同关系已建立，劳动者已付出劳动，其合法权益受到劳动法的保护。因此，在试用期内，用人单位提供给劳动者的待遇不得违反国家规定的劳动基准。

（4）进一步完善了试用期内劳动合同解除权行使的规定。《劳动合同法》第21条规定了用人单位解除劳动合同的限制性条件，进一步完善了用人单位解除权行使的规定。《劳动法》赋予了劳动者在试用期内任意的辞职权，根据此规定，劳动者在试用期内辞职不受任何条件及程序的限制，甚至可以"不辞而别"，很多劳动者未通知用人单位，未办理工作交接就离开用人单位，极易造成用人单位的损失。此种情形下，劳动合同对劳动者毫无约束力。《劳动合同法》第37条规定："劳动者提前三十日以书面形式通知用人单位，可以解除劳动合同。劳动者在试用期内提前三日通知用人单位，可以解除劳动合同。"由此对试用期内劳动者解除权的行使程序做了规定。

（5）明确了试用期禁止的情形。为了防止用人单位滥用试用期侵犯劳动者的合法权益，《劳动合同法》依据劳动合同的性质和期限，规定："以完成一定工作任务为期限的劳动合同或者劳动合同期限不满三个月的，不得约定试用期。"另外，非全日制劳动合同也不得约定试用期。

（四）我国试用期制度存在的问题

（1）试用期期限规定缺乏灵活性。劳动合同设置试用期的目的是双方当事人相互了解、相互考察，以便建立和谐的劳动关系。但试用期必定对劳动合同的稳定性造成的一定影响，因此，《劳动法》设定了试用期的上限,《劳动合同法》结合劳动合同期限的长短,设定了"阶梯形"的上限。虽然,这种试用期期限与劳动合同期限相挂钩的形式,相对于"一刀切"的形式更加合理,但是并未考虑到试用期期限长短与工作岗位的联系。通常意义上,技术含量高的岗位比技术含量低的岗位,劳动合同当事人相互考察涉及的因素要多、时间要长,相反,技术含量低的岗位相互考察的期限要短。另外,《劳动合同法》虽然规定了同一用人单位与劳动者约定试用期的次数,但并未有试用期延长的规定,导致实践中用人单位为节约用工成本,任意延长试用期,损害劳动者的合法权益。

(2)试用期内劳动合同当事人的权利义务关系模糊不清。《劳动法》与《劳动合同法》虽然规定了试用期内当事人劳动合同解除权的行使、试用期内劳动者的待遇等内容,但对于试用期内的其他劳动权利和义务并未涉及。试用期一般适用于劳动者初次与用人单位建立劳动合同关系,这时劳动者的工作岗位、劳动报酬、社会保险待遇等均未确定,此时的劳动关系不同于试用期届满而形成的劳动关系,试用期内当事人之间的权利义务关系也有所不同。对此,当前立法并未有明确规定。

(3)试用期内解除劳动合同的条件不明确。《劳动法》与《劳动合同法》都规定了当事人试用期内解除劳动合同的条件,并对用人单位解除权的行使做了严格限制,用人单位必须证明"劳动者不符合录用条件",但是"录用条件"并未在立法中明确,导致司法实践中对"录用条件"的认定标准不统一,裁判结果大相径庭。另外,对于劳动者试用期解除劳动合同的条件规定过于简单,规定的预告通知时间过短,缺乏灵活性。

(五)完善我国试用期制度的立法建议

(1)结合多种因素确定试用期期限。如上文所述,劳动合同试用期的功能是当事人相互考察对方，以确定劳动合同能否顺利履行。试用期的期限设置不仅应当考虑劳动合同的期限，还应当考虑工作岗位的类型、技术含量等因素。一般而言，试用期内劳动者对用人单位的考察侧重于工作环境和相关待遇等，用人单位对劳动者的考察侧重于劳动者的劳动熟练程度、对用人单位的忠诚度等。如果仅依靠劳动合同的期限来确定试用期期限的长短，可能无法实现试用期的价值。例如，对于有些工作岗位，工作内容较简单、技术含量低，双方在短期内就可以互相了解，互相适应，即使劳动合同期限较长，也无须设置较长时间的试用期。而对于一些相对复杂、技术含量高的工作岗位，尤其是涉及商业秘密的工作，用人单位用工风险较大，如果设置较短时间的试用期，达不到互相考察的目的。试用期是通过双方合意产生，应当首先尊重当事人对试用期的约定，国家公力干预时应结合劳动合同的期限、工作岗位的技术含量等多种因素，灵活设置试用期期限的标准。

（2）进一步明确试用期内劳动合同当事人权利义务关系。针对试用期的特殊性，应当通过立法明确试用期内劳动者与用人单位之间具体的权利义务，如劳动者试用期的劳动报酬标准、工作岗位、岗前培训等。未规定的，参照试用期届满后的权利和义务。

（3）明确试用期内劳动合同解除的条件。劳动合同关系建立后，当事人双方都有解除权，但鉴于劳动关系中劳动者与用人单位的力量对比，劳动法以倾斜保护劳动者权益为原则。各国立法在劳动合同解除权的分配上，往往限制用人单位解除权的行使。但试用期间劳动关系相对不稳定，在解除权的分配上，应当考虑到兼顾用人单位的利益和和谐劳动关系的建立。首先，劳动者解除权的行使条件应当对程序条件加以限制。对于某些特殊岗位，应当允许当事人在意思自治的基础上约定解除程序及预告期。其次，为了兼顾用人单位用工自主权，在试用期内可以适当放宽解雇条件，以平衡用人单位与劳动者的利益。

三、商业秘密的保护与竞业限制

（一）竞业限制概述

竞业限制，亦称竞业禁止，一般指依据法律规定或合同约定，与特定营业主体有特定法律关系的主体，在一定的时空范围内不得到与该特定营业主体有竞争关系的用人单位就业，也不得从事与该营业主体有竞争关系的业务活动。①

依据效力来源不同，竞业限制分为法定的竞业限制和约定的竞业限制。法定竞业限制是指依据法律规定而产生竞业限制义务，这时的竞业限制义务是一种强制性的义务。约定的竞业限制义务是指当事人基于平等自愿原则，通过约定而产生的竞业限制义务。依据竞业限制义务履行的时间，竞业限制分为在职竞业限制和离职竞业限制。在职竞业限制是在职期间需要履行的竞业限制义务，离职竞业限制是指离职后一定时期内需要履行的竞业限制义务。竞业限制的理论基础源于雇佣关系中雇员对雇主的忠诚义务，劳动者在职期间，对用人单位的忠诚义务是基本的法定义务，离职以后，劳动者这项义务终止，用人单位要限制劳动者的自由择业权，应当通过协商，与劳动者签订竞业限制协议。由此可见，一般而言，劳动者在职期间的竞业限制义务是法定义务，离职以后的竞业限制义务是约定义务。我国《劳动合同法》并未禁止对在职劳动者约定竞业限制义务，但对用人单位与离职劳动者约定竞业限制义务作了一定限制。

（二）竞业限制与保守商业秘密的关系

商业秘密的保护涉及众多立法领域，关于商业秘密的概念表述也不尽

---

① 刘俊. 劳动与社会保障法学 [M]. 2 版. 北京：高等教育出版社，2018：89

相同。根据《中华人民共和国反不正当竞争法》第9条的规定，商业秘密是指不为公众所知悉、具有商业价值并经权利人采取相应保密措施的技术信息和经营信息。由此可见，商业秘密不可能通过法律规范形式明确列举，具体何为商业秘密应当从经营者的角度考虑。构成商业秘密要符合以下几个要件：①不为公众知悉；②具有商业价值；③权利人采取了保密措施。

我国理论界研究商业秘密大都从侵权的角度，而与用人单位存在劳动关系的劳动者最有机会接触用人单位的商业秘密，无疑可能成为侵犯商业秘密的侵权主体之一。竞业限制制度的目的在于保护用人单位的利益，这些利益包括商业秘密。因此，竞业限制是保守商业秘密的重要手段。竞业限制分为两种情况：其一是负担保密义务的竞业限制，其二是不负担保密义务的竞业限制。劳动者在劳动合同关系存续期间所承担的商业秘密守密义务，实质上是劳动者之忠诚义务和诚信义务。① 这一义务是劳动者应承担的基本义务，在职期间对所有劳动者而言，都应承担竞业限制义务，如果劳动者因故离职，对于涉及商业秘密的劳动者，其离职后，对于掌握原单位的商业秘密也应承担保密义务，这是一项强制义务，可以通过约定竞业限制义务达到保守商业秘密的目的。未涉及商业秘密的劳动者，离职后不具有接触商业秘密的可能性，因此，不应设定竞业限制义务。

（三）我国《劳动法》竞业限制制度的内容

我国《劳动法》主要规制离职劳动者竞业限制。对离职劳动者竞业限制的适用对象、地域范围、行业范围、适用年限以及经济补偿等问题做了规定。

---

① 郑尚元. 劳动合同法的制度与理念 ［M］. 北京：中国政法大学出版社，2008：166

1. 竞业限制的适用对象

根据《劳动合同法》第 24 条第 1 款规定，竞业限制适用的人员范围包括高级管理人员、高级技术人员与其他负有保密义务的人员。由于《劳动合同法》主要对离职竞业限制加以规制，而只有在职期间有机会接触商业秘密的人员，离职后才有可能侵害用人单位的商业秘密。如果把所有劳动者都纳入竞业限制的对象范围，无疑侵犯了未承担保密义务劳动者的自由择业权。

2. 竞业限制义务的范围

劳动者所承担的义务范围，包括业务范围和地域范围。业务范围即行业限制，劳动者不得自营与所任职企业相同或类似的业务，也不得为他人经营与所任职企业相同或类似的业务。地域范围即劳动者承担竞业限制义务涉及的地域范围，地域范围取决于商业秘密产生竞争利益的范围。无论是业务范围还是地域范围，都应由当事人根据本企业与所在行业的基本情况自主协商，在协商一致的基础上确定，用人单位不得任意扩大。

3. 竞业限制的期限

虽然竞业限制的目的是保护用人单位的利益，但是限制的是劳动者的自由择业权。为了维护劳动者的就业权，《劳动合同法》规定了竞业限制的最长期限为两年。这就意味着，用人单位与劳动者可以自由约定竞业限制的期限，但不得超过两年。

4. 竞业限制的经济补偿金

作为对限制劳动者自由择业权的条件，《劳动合同法》规定，用人单位在竞业限制期限内按月给予劳动者经济补偿。那么，经济补偿金是否是竞业限制条款或协议生效的条件？换言之，未约定经济补偿金的竞业限制条款或协议是否有效？关于该问题，一种观点认为未约定经济补偿金，竞业限制条款或协议有效（"有效说"）。竞业限制是为保护用人单位的商业利益而限制劳动者的权利，即使未约定经济补偿金，竞业限制条款或协议的效力也不受影响，对于劳动者可以以其他途径补偿，如果否定竞业限制条款或协议的效力，就违背了竞业限制的目的。因此，未约定经济补偿金，不影响竞业限制条款或协议的效力。另一种观点认为未约定经济补偿金的竞业限制条款或协议无效（"无效说"）。竞业限制条款或协议限制了劳动者的自由择业权，很有可能导致劳动者离职后因受竞业限制的约束而找不到工作，失去生活来源，经济补偿的目的正是为了弥补这一损失，保证劳动者的基本生活，如果不约定经济补偿金而限制劳动者自主择业，显失公平。我国《劳动合同法》对于这一问题没有明确规定。《最高人民法院关于审理劳动争议案件适用法律若干问题的解释（四）》（以下简称《司法解释（四）》)对于这一问题作出了回应。《司法解释（四）》第6条规定："当事人在劳动合同或者保密协议中约定了竞业限制，但未约定解除或者终止劳动合同后给予劳动者经济补偿，劳动者履行了竞业限制义务，要求用人单位按照劳动者在劳动合同解除或者终止前十二个月平均工资的30%按月支付经济补偿的，人民法院应予支持。"该规定一定程度上符合"有效说"。笔者认为，经济补偿是对被限制自由择业权的劳动者的补偿，支付经济补偿金是用人单位应承担的法定义务，而这并不是竞业限制条款或协议生效的要件。当事人在劳动合同中约定竞业限制条款但未约定经济补偿金的，劳动者可以要求用人单位支付经济补偿金，并不影响竞业限制条款的效力。

四、劳动合同的服务期

（一）服务期的概念

在《劳动合同法》实施之前，实践中就出现了劳动者与用人单位在劳动合同中约定服务期条款或签订服务期协议的情况。有些地方性法规文件中也出现了一些关于服务期的规定，如 2001 年通过的《上海市劳动合同条例》第 14 条规定："劳动合同当事人可以对由用人单位出资招用、培训或者提供其他特殊待遇的劳动者的服务期作出约定。" 2003 年通过的《江苏省劳动合同条例》第 15 条规定："用人单位与其出资招用、培训或者提供其他特殊待遇的劳动者，可以在劳动合同中约定或者事先另行协商约定服务期。"我国《劳动法》中并无服务期的相关规定，直到《劳动合同法》颁布后，对服务期适用的前提条件及违反服务期的法律责任等问题作了规定。自此，关于服务期的理论研究开始受到关注。关于服务期的概念，学者们有不同的表述，有的认为："服务期是指劳动者接受专项培训后，双方约定的劳动者还应当为用人单位服务的期限。"① 还有学者认为："出资培训服务期，又称出资培训最低年限，是指当事人双方约定的，对劳动者有特殊约束力的，劳动者因获得用人单位出资培训而应当与用人单位持续劳动关系的期限。"② 笔者认为，服务期首先是劳动合同当事人双方约定的期限，而不是用人单位单方指定的期限。其次，服务期约定的前提是用人单位为劳动者提供了特殊待遇，而这个特殊待遇是专门针对劳动者的。最后，服务期期限内也是劳动关系的存续期限。因此，劳动合同的服务期是指劳动合同的双方当事人约定，由用人单位提供特殊待遇的劳动者，与用人单位持续劳动关系期限，服务期内劳动者解除劳动合同的权利受到限制。

（二）服务期与劳动合同期限的区别

服务期与劳动合同的期限都是劳动关系存续的期间，二者虽存在重叠的情形，但是并非同一概念。服务期与劳动合同期限区别如下。

（1）二者在劳动合同中的地位不同。劳动合同的期限是劳动合同当

---

① 关怀，林嘉. 劳动与社会保障法学 [M]. 北京：法律出版社，2010：90
② 刘俊. 劳动与社会保障法学 [M]. 2 版. 北京：高等教育出版社，2018：89

事人约定的劳动合同关系存续的期限，也是劳动合同效力存续的期限，是劳动合同的法定必备条款。而服务期虽然也是劳动合同关系存续的期间，但不是劳动合同的必备条款。

（2）二者订立的前提条件不同。服务期是劳动者因享有用人单位给予的特殊待遇而作出的承诺，而劳动合同的期限不以劳动者享受用人单位的特殊待遇为条件。

（3）劳动合同当事人的权利义务关系不同。在劳动合同期限内，由于劳动者与用人单位之间劳动关系的从属性特征，立法采取对劳动者倾斜保护的模式，劳动者享有较为宽松的解除劳动合同的条件，而用人单位的解除权则受到严格的限制。而服务期是用人单位在付出经济利益的基础上，对劳动者的辞职权作出限制，因此，按照《劳动合同法》第22条第2款的规定："劳动者违反服务期约定的，应当按照约定向用人单位支付违约金。"由此可见，劳动者的解除权在服务期内是受到限制的。

但实践中，服务期与劳动合同的期限经常出现不一致的情况：服务期期限可能长于劳动合同期限，亦可能短于劳动合同的期限。如若服务期期限短于劳动合同的期限，劳动关系当然延续到劳动合同期限届满。但是，如果劳动合同的期限短于服务期期限的，如何处理呢？换言之，劳动合同期限届满后，服务期还未届满，劳动者是否有强制缔约义务呢？解决这一问题的关键在于对服务期法律性质的把握。有学者认为，关于服务期的法律性质有两种选择：第一，赋予服务期与劳动合同期限同样属性，当服务期长于原劳动合同期限时，可视为是原劳动合同期限的延长，在延长期间双方可继续履行原劳动合同义务，也可以约定变更原劳动合同义务。第二，原劳动合同期限届满而服务期尚未届满时，劳动者有义务在剩余服务期内与用人单位续订劳动合同，而新劳动合同所约定的权利义务与原劳动合同的约定可以一致，也可以不一致。值得注意的是，在续订劳动合同时，如果双方不能协商一致，新劳动合同就不能成立。① 《劳动合同法实施条例》第17条规定："劳动合同期满，但是用人单位与劳动者依照《劳动合同法》第22条的规定约定的服务期尚未到期的，劳动合同应当续延至服务期满；双方另有约定的，从其约定。"由此可见，立法倾向于第一种观点，服务期即劳动合同的期限。当劳动合同的期限届满，服务期尚未届满时，劳动合同期限自然延长，也可以通过协商变更原劳动合同。

（三）我国服务期制度的主要内容

我国《劳动合同法》第22条对服务期的适用条件、法律责任、服务期内劳动者的待遇做了规定。② 对于平衡劳动者与用人单位之间的利益，维护和谐稳定的劳动关系具有积极的作用。

（1）服务期适用的条件。根据《劳动合同法》第22条的规定，劳动者与用人单位约定服务期的条件是用人单位为劳动者提供专项培训费用，进行专业技术培训。我们认为，"专项培训"应为专门针对某个或某些劳动者的专业技术培训，而不是普遍针对所有劳动者的岗前培训或通识培训。

（2）违反服务期协议的法律责任。劳动者违反服务期协议是指劳动者主动解除劳动合同或因劳动者的过错而导致用人单位解除劳动合同的情形。劳动者违反服务期协议的，应当承担违约金责任。《劳动合同法》第22条规定，违约金数额的上限是用人单位支付的培训费用。另外，违约金的数额要与劳动者尚未履行的服务期义务相适应，即"不得超过服务期尚未履行部分所应分摊的培训费用"。

---

① 成曼丽，王全兴. 服务期的法律定性和法律后果［J］. 中国劳动，2006（2）

② 《劳动合同法》第22条规定："用人单位为劳动者提供专项培训费用，对其进行专业技术培训的，可以与该劳动者订立协议，约定服务期。劳动者违反服务期约定的，应当按照约定向用人单位支付违约金。违约金的数额不得超过用人单位提供的培训费用。用人单位要求劳动者支付的违约金不得超过服务期尚未履行部分所应分摊的培训费用。"用人单位与劳动者约定服务期的，不影响按照正常的工资调整机制提高劳动者在服务期期间的劳动报酬。

（3）服务期内劳动者的待遇。由于服务期内劳动合同关系持续存在，劳动者与用人单位之间的权利义务关系不受服务期的影响，因此，《劳动合同法》规定："用人单位与劳动者约定服务期的，不影响按照正常的工资调整机制提高劳动者在服务期期间的劳动报酬"。

第五节　劳动合同履行与变更的特殊问题

一、劳动合同履行制度概述

劳动合同的履行，是指劳动合同的双方当事人按照合同约定完成各自义务的行为。[①] 劳动合同履行既包括履行劳动合同约定的义务，也包括履行作为劳动合同内容之补充的劳动条件基准、集体合同和劳动规章制度所规定的义务。《劳动合同法》第 29 条规定："用人单位与劳动者应当按照劳动合同的约定，全面履行各自的义务。"这是劳动合同履行原则的规定，这条规定涵盖了劳动合同履行原理中实际履行原则、亲自履行原则和协助履行原则三个具体原则。实际履行原则是指劳动合同订立后，当事人应当按照合同约定，以自己的行为履行合同，不得以赔偿损失代替履行合同义务。亲自履行原则是指当事人履行劳动合同义务必须由本人亲自完成，不得让别人代理。协助履行原则是指当事人在履行劳动合同义务时互相配合、互相信赖。

---

① 　贾俊玲. 劳动法学［M］. 北京：北京大学出版社，2009：93

二、劳动合同履行中的特殊规则

（一）不明确条款的履行

对于劳动合同中内容约定不明确的，应当依法明确具体内容，才能予以履行。按照劳动法对劳动合同关系的调整规则，应当先行协商，重新达成协议；协商不成的，适用集体合同规定；没有集体合同或者集体合同未规定劳动报酬的，实行同工同酬；没有集体合同或者集体合同未规定劳动条件等标准的，适用国家有关规定。其中，劳动报酬的支付按照同工同酬原则确定。

（二）地方劳动条件基准选择的规则

劳动合同履行地与用人单位注册地不一致的，有关劳动者的最低工资标准、劳动保护、劳动条件、职业危害防护和本地区上年度职工月平均工资标准等事项，按照劳动合同履行地的有关规定执行；用人单位注册地的有关标准高于劳动合同履行地的有关标准，且用人单位与劳动者约定按照用人单位注册地的有关规定执行的，从其约定。

（三）履行约定之外劳动的给付

劳动合同履行过程中，用人单位对劳动者的指挥管理权以劳动合同的约定范围为限，在劳动合同未变更前，用人单位不得指挥劳动者提供劳动合同约定之外的劳动。但情况紧急时，为避免发生危险或进行事故处理、灾害抢救等工作，用人单位可以临时指挥劳动者提供劳动合同约定之外的劳动。

三、劳动合同的变更概述

劳动合同的变更是指劳动合同在履行过程中，由于法定的或约定的条件发生变化，对已生效的劳动合同的条款进行补充或修改。用人单位与劳动者协商一致，可以变更劳动合同约定的内容。变更劳动合同，应当采用书面形式。另外，由于法定情况的出现，致使劳动合同无法履行，经协商达不成一致的，用人单位可以解除劳动合同。其中法定情形包括：①订立劳动合同所依据的法律、法规已经修改或废止；②企业经上级主管部门批准或根据市场变化决定转产或调整生产任务的；③劳动合同订立时所依据的客观情况发生重大变化，致使劳动合同无法履行的；④法律、法规规定的其他情况。

四、劳动合同的承继问题

劳动合同的承继是指用人单位发生变更后，原劳动合同的相关权利与义务由变更后存续或新设的用人单位概括承受，也就是企业发生合并、分立等情况时，原企业与职工签订的劳动合同由新企业继续履行。劳动合同承继的特征一是原劳动合同用人单位这一方主体发生变化，劳动者不变化。如果劳动者变化，意味着新劳动关系的产生。二是原劳动合同内容不变，存续的或新设的企业继续履行劳动合同义务。

第六节　我国劳动合同解除制度

一、劳动合同解除的概念

劳动合同解除，是指劳动合同当事人提前消灭劳动合同关系，或者说阻却劳动合同存续的法律行为，其法律后果是使已生效或成立的劳动合同在劳动合同期限届满之前或当事人丧失主体资格之前向后失去效力。①

　　劳动合同的解除按照解除方式不同，可分为协议解除和单方解除。协议解除是指劳动合同当事人协商一致解除劳动合同的方式，单方解除是指享有单方解除权的当事人以单方意思表示解除劳动合同的方式。单方解除按照行使解除权是否需要预告，可分为单方预告解除和单方即时解除，单方预告解除是指经预先通知对方当事人才可解除劳动合同，单方即时解除是指无须预告就可单方解除劳动合同的方式。

二、我国劳动合同解除的具体情形

（一）劳动合同协商解除

　　用人单位与劳动者协商一致，可以解除劳动合同。协商解除劳动合同分为两种情形：劳动者主动提出的协商，即辞职性协商；用人单位主动提出的协商，即解雇性协商。二者的区别在于辞职性协商而解除劳动合同时，劳动者无法获得经济补偿金。

（二）劳动者单方解除劳动合同（辞职）

1. 预告辞职

　　辞职权是劳动者依法享有的法定权利，劳动者只需单方作出辞职的意思表示，无须征得用人单位的同意，就可以达到解除劳动合同的目的。劳动者辞职只有程序上的限制。《劳动合同法》第 37 条规定："劳动者提前三十日以书面形式通知用人单位，可以解除劳动合同。劳动者在试用期内

---

①　刘俊. 劳动与社会保障法学 [M]. 北京：高等教育出版社，2018：100

提前三日通知用人单位，可以解除劳动合同。"

2. 即时辞职

即时辞职无须提前向用人单位预告，只需通知用人单位即可，特殊情况下无须通知用人单位，也产生解除劳动合同的法律效果。即时辞职的情形往往由于用人单位的过错造成，主要有以下几种情形：①未按照劳动合同约定提供劳动保护或者劳动条件的；②未及时足额支付劳动报酬的；③未依法为劳动者缴纳社会保险费的；④用人单位的规章制度违反法律、法规的规定，损害劳动者权益的；⑤因欺诈、胁迫、乘人之危，使劳动者在违背真实意思的情况下订立或变更劳动合同而致使劳动合同无效的；⑥法律、行政法规规定劳动者可以解除劳动合同的其他情形。

用人单位以暴力、威胁或者非法限制人身自由的手段强迫劳动者劳动的，或者用人单位违章指挥、强令冒险作业危及劳动者人身安全的，劳动者可以立即解除劳动合同，不需事先告知用人单位。

（三）用人单位单方解除劳动合同（辞退）

由于用人单位辞退劳动者，劳动者失去了工作，影响到其生活的来源，涉及劳动者的职业安定和生存权问题，法律对用人单位辞退劳动者作了严格限制。

1. 即时辞退

即时辞退是基于劳动者的过错而无须提前预告随时通知辞退的情形。即时辞退要符合法律规定的情形，即时辞退是基于劳动者有以下情况的：①在试用期间被证明不符合录用条件的；②严重违反用人单位的规章制度的；③严重失职，营私舞弊，给用人单位造成重大损害的；④劳动者同时与其他用人单位建立劳动关系，对完成本单位的工作任务造成严重影响，或者经用人单位提出，拒不改正的；⑤因劳动者欺诈、胁迫、乘人之危致使劳动合同无效的；⑥被依法追究刑事责任的。

2. 预告辞退

用人单位预告辞退劳动者，一般是由于客观情况或劳动者劳动能力的变化而使劳动合同无法履行的情况。预告辞退考虑到劳动者的生存权，有一定的预告期或代通知金。预告辞退时用人单位有预告通知的义务，即提前 30 日通知劳动者本人，如不能预告通知，应当支付一个月工资的代通知金。预告辞退适用的情形：①劳动者患病或者非因工负伤，在规定的医疗期满后不能从事原工作，也不能从事由用人单位另行安排的工作的；②劳动者不能胜任工作，经过培训或者调整工作岗位，仍不能胜任工作的；③劳动合同订立时所依据的客观情况发生重大变化，致使劳动合同无法履行，经用人单位与劳动者协商，未能就变更劳动合同内容达成协议的。

（四）经济性裁员

经济性裁员是指用人单位濒临破产，进入法定整顿期间或者生产经营发生严重困难或者因为其他特殊情况，为改善生产经营状况而成批裁减人员。经济性裁员是企业改善自身生存和发展的一种手段，是预告辞退的特殊形式。企业有自主经营的权利，在企业因经济原因陷入经营困难时，为了追求经营利润，有可能通过裁员来恢复经营活力。劳动法赋予企业裁员的权利是维护其自主经营权的表现。经济性裁员的条件是：需要裁减人员 20 人以上或者裁减不足 20 人但占企业职工总数百分之十以上，但又符合以下条件的：①依照企业破产法规定进行重整的；②生产经营发生严重困难的；③企业转产、重大技术革新或者经营方式调整，经变更劳动合同后，仍需裁减人员的；④其他因劳动合同订立时所依据的客观经济情况发生重大变化，致使劳动合同无法履行的。企业裁减人员时，应当优先留用与本单位订立较长期限的固定期限和无固定期限劳动合同的劳动者；家庭无其他就业人员，有需要扶养的老人或者未成年人的劳动者。另外，用人单位在六个月内重新招用人员的，应当通知被裁减的人员，并在同等条件下优先招用被裁减的人员。①

三、我国劳动合同解除制度的特色

（1）劳动合同解除和解除限制相结合。《劳动合同法》虽然规定了当事人解除劳动合同的权利，但对解除权的行使作了严格限制，尤其是严格限制用人单位单方解除劳动合同的权利，不仅规定了劳动合同解除的情形，也规定了限制劳动合同解除的情形。对于劳动者解除劳动合同的权利虽然没有条件限制，但作了程序上的限制。总之，我国劳动合同解除制度赋予了当事人解除劳动合同的权利，解除权只能在法定条件下行使，排除了约定解除劳动合同的情形。

（2）个别解除劳动合同与经济性裁员相结合。我国劳动合同解除制度不仅规定了个别解除劳动合同的情形，还专门规定了经济性裁员的条件和程序。经济性裁员属于预告解雇的一种特殊情形，为了保护劳动者的合法权益，避免裁员造成不好的社会效果，立法对于经济性裁员的程序条件做了特别规定。

（3）对劳动者倾斜保护体现在劳动合同解除程序的全过程。在劳动合同解除的法定情形上，严格限制了用人单位的单方解除权；在用人单位辞退程序上，规定了用人单位的预告期和代通知金，以维护劳动者的生存权；在劳动合同的后合同义务上，规定了用人单位支付经济补偿金的义务。

---

① 参见《劳动合同法》第41条。

第五章 劳动基准法律问题研究

近年来，"996 工作制"① 成为互联网上人们热议的话题，一时之间，国内近百家互联网企业与科技公司陷入"996"风波，甚至有些企业公然将这种工作方式标榜为企业的"奋斗文化"，更是将加班时长作为考核升迁的重要指标。众多劳动者为了显示自己的"奋斗精神"，保住自己的"饭碗"而自愿加班。长期超负荷的工作模式，造成了劳动者"抑郁症""过劳死"的事例屡屡发生。我国《劳动法》规定，劳动者每日工作时间不超过 8 小时、平均每周工作时间不超过 44 小时。用人单位延长工作时间，一般每日不得超过一小时；因特殊原因需要延长工作时间的，在保障劳动者身体健康的条件下延长工作时间每日不得超过三小时，但是每月不得超过 36 小时。② 很多实行"996 工作制"的企业，除去午间休息时间，平均每天的工作时间超过 8 小时，每周工作时间也远远超过 44 小时。这不得不引起我们的思考，劳动法实施 20 余年，为何这种公然违反劳动法的行为不仅普遍存在，还被包装成了企业文化？然而，这一事件仅仅是劳动违法事件的"冰山一角"，现实中拖欠工资、违规休假等违反劳动基准法的现象更是屡见不鲜。这充分暴露了我国劳动基准制度存在的问题。

劳动基准法是劳动法的重要组成部分，劳动基准法一般包括劳动条件法与劳动保护法两部分，具体而言，包括工资制度、工作时间与休息休假制度、劳动安全和职业健康制度、女职工和未成年工特殊保护制度等。③我国没有统一的劳动基准法，有关劳动基准的规定散见于各种法律法规、规章等法律文件之中。立法不成体系，实施效果不佳，救济途径不畅，造成了违反劳动基准的现象大量存在。因此，完善劳动基准法律制度是我国当前法治建设面临的重要任务。

---

① 　所谓"996 工作制"是指从每天上午 9 点工作到晚上 9 点，每周工作 6 天。
② 　参见《中华人民共和国劳动法》第 36 条、第 41 条。
③ 　林嘉. 劳动法的原理体系与问题［M］. 北京：法律出版社，2016

第一节 我国劳动基准法律制度概述

一、劳动基准概述

（一）劳动基准的概念

我国立法中并未有"劳动基准"这一概念，目前学界关于劳动基准的概念表述不一。一种观点认为："劳动基准属于法律为了保障劳动者所必备的最低水平劳动报酬、劳动条件而规定的措施和要求。"① 另有观点认为：劳动基准是"国家劳动基准法规定的用人单位必须保障劳动者享有的最低劳动权利和劳动待遇"。②还有观点认为："劳动基准可以分为两种：作为劳动条件水平的标准，如工资、工时、劳动安全卫生等；作为劳动关系运行规则的强制性标准，即劳动法律中强行性劳动关系运行规则。"③ 通过对以上概念表述的分析可见，首先劳动基准是劳动关系运行中，用人单位与劳动者遵守的最低标准。劳动基准是保证劳动者的生存权，完成劳动力再生产的基本保障。其次，劳动基准具有强制性。劳动基准是国家通过立法制定的强制性标准，是国家干预劳动关系的重要手段，体现为国家意志的强制性，不得通过当事人的合意而变更。由此可见，劳

① 董保华. 中国劳动基准法的目标选择 ［M］. 法学，2007（1）
② 沈同仙. 我国劳动基准法的实施现状及对策 ［J］. 当代法学，2007（7）
③ 王全兴. 劳动合同立法争论中需要澄清的机构基本问题 ［J］. 法学，2006（9）

动基准是国家通过立法制定的，劳动者享有的劳动条件和劳动保障的最低标准。

（二）劳动基准的特征

1. 劳动基准的法定性

劳动基准是国家法律直接规定的，而不是通过集体合同或劳动合同约定的。国家通过立法制定劳动基准，劳动行政部门保障劳动基准的实施。集体合同关于劳动条件与劳动保护的规定，在单位内部或行业内部具有劳动基准的效力，但不是法定的劳动基准。

2. 劳动基准的强制性

劳动基准是国家运用公权力干预劳动关系的重要手段，由国家通过立法制定，具有强制效力，不能通过当事人的合意而改变，任何违反劳动基准制度的行为都要承担法律责任。

3. 劳动基准的底线性

劳动基准是法律规定的劳动条件与劳动保护的最低标准，目的在于保护劳动者最基本的生存权。劳动合同与集体合同的规定确定的标准应当以此为基础，而不能突破这一标准。

4. 劳动基准的补充性

劳动基准是法律规定的最低标准，一般情况下，劳动合同与集体合同制定的标准要高于劳动基准。劳动关系的当事人参照标准确定劳动条件和劳动保障待遇时，在劳动基准法确定的标准之上，劳动关系的双方当事人可以自由协商，但不能低于标准，低于标准不发生法律效力。如果当事人在劳动合同中没有约定或约定不明确时，可以依照劳动基准来确定。因此，劳动基准具有补充劳动合同内容的功能。

（三）劳动基准的内容

劳动基准的内容是指劳动基准立法所涵盖的内容。世界各国和地区立法关于劳动基准的内容涵盖有所不同。例如，美国 1938 年出台的《公平劳动标准法》规定的劳动条件包括工时、工资和就业年龄。① 而日本的《劳动基准法》包括的内容要广得多，其内容不仅包括工资、工作时间、休息休假、劳动安全卫生、女职工及未成年工特殊保护、技工培养、工作规则、监察机构及罚则等，还包括劳动合同。我国台湾地区的劳动基准法涵盖的范围也较为广泛，涉及内容包括劳动契约、工资、工作时间、休息休假、童工女工、职业灾害补偿、退休、工作规则、监督与罚则等。我们认为，劳动基准涵盖的内容很难形成统一的标准。就劳动基准的法律属性和价值目标来看，劳动基准是国家公权力干预劳动关系的重要手段，具有强制性的特征，劳动基准本身属于强行规则，同时亦是最低劳动条件。其中涉及劳动合同中经济补偿金、解雇保护的内容等，虽具有强制性，但涉及补偿金额、违约责任等方面的规定，当事人有协商的余地，并没有最低标准的限制。劳动监察、劳动监督等方面权力的行使，虽然也具强制性，但其目的是为了保障劳动基准制度的实施，属于程序性规范，也不能归为劳动基准制度的范围内。由此可见，我国的劳动基准法律制度涵盖的内容应当包括最低的劳动条件与劳动待遇标准，即最低工资标准，工作时间和休息休假标准，劳动安全标准和特殊劳动保护。

二、我国劳动基准法律制度概况

1802 年，英国政府通过的《学徒健康与道德法》不仅是现代意义上劳动立法的开端，也揭开了劳动基准立法的序幕。各国和地区劳动基准法律制度的模式大致有两种：一种是单独制定劳动基准法，如美国的《公平劳动标准法》、日本的《劳动基准法》等；另一种是在综合立法中包含

① 林嘉. 劳动法的原理体系与问题［M］. 北京：法律出版社，2016：287

劳动基准法的内容，目前多数国家采取这种立法模式。

　　我国没有采取单独制定劳动基准法的立法模式，也没有专门的劳动基准法，有关劳动基准的法律规范散见于《劳动法》以及相关的法律、法规和规章等法律文件中。其中《劳动法》对工作时间、休息休假、工资、劳动安全卫生、女职工和未成年工特殊保护等方面的内容做了基本规定：① 确立了每天工作 8 小时，平均每周工作不超过 44 小时的工作时间制度；规定了延长工作时间的条件及待遇；明确了确定最低工资标准的参考因素及最低工资标准的发布机关；明确了用人单位建立健全劳动安全卫生制度的义务；确立了对未成年工和女职工的特殊劳动保护制度。在《劳动法》规定的基础上，涉及具体劳动基准制度的法律法规相继出台。其中，涉及工资制度的有《最低工资规定》《关于工资总额组成的规定》《工资支付暂行规定》等；涉及工作时间和休息休假的有《国务院关于职工工作时间的规定》《职工带薪年休假条例》《全国年节及纪念日放假办法》等；涉及劳动安全卫生的有《中华人民共和国安全生产法》《中华人民共和国职业病防治法》等；涉及特殊劳动保护的有《女职工劳动保护特别规定》《未成年工特殊保护规定》和《禁止使用童工规定》等。这些法律规范从休息休假、劳动关系调整、劳动安全卫生等方面补充了《劳动法》的相关规定。另外，各地方政府和劳动行政部门也制定了大量关于劳动基准的地方性规章与规范性文件，这就形成了我国的劳动基准立法体系。

三、我国劳动基准法律制度的完善

（一）劳动基准立法问题

如上文所述，我国在劳动基准法的立法模式上采取的是综合立法模

---

　　① 参见《中华人民共和国劳动法》第四至七章。

式，并且没有专门的劳动基准法，劳动基准法律规范散见于各类法律文件中，甚至同一方面的内容涉及多个法律文件，这就导致劳动基准立法内容散乱，不成体系。这种立法模式在劳动力市场不发达，劳动关系相对简单的情况下，存在的问题不易凸显出来。随着劳动力市场的发展，劳动关系日益复杂，面对繁杂的劳动基准，在法律适用过程中很容易产生冲突。

我国的劳动基准制度主要形成于 20 世纪八九十年代，在劳动基准制定的过程中，劳动用工方式比较单一，劳动关系相对简单。但是，随着社会经济与科学技术的发展，劳动用工方式也朝着灵活化、多样化的趋势发展。原有的劳动基准已不适用当今社会劳动关系的具体情况。例如，企业的经营突破了时空与地域的限制，劳动者提供劳动也突破了工作时间与工作地点的限制，有些行业及岗位的劳动者可以全天 24 小时提供劳动，也可以自由选择提供劳动的地点。如果适用传统劳动关系中工作时间或休息休假制度，可能导致劳动者无法更好地提供劳动，或者造成劳动力资源的浪费。同时，当前不仅是社会环境发生了变化，自然环境也发生了变化，劳动者安全卫生保障和职业病防治等也应适用新的劳动基准。

因此，针对现行劳动基准法律制度存在的问题，应当单独制定统一的劳动基准法，在此基础上，制定工资、工时、劳动安全卫生、特殊劳动保护等具体领域的劳动基准，形成完整的劳动基准立法体系。同时，为了适应劳动用工灵活化、弹性化的发展趋势，针对特殊的用工方式，应当坚持弹性与安全相结合的原则，规定特殊的工资、工时制度及劳动保护等基准，既要适应灵活用工的需要，更要保障劳动者的合法权益。

（二）劳动基准执行问题

从前文中提到的"996 工作制"公然违反劳动法却被公司企业广泛适用的情况，可以看出，当前我国劳动基准执法效果并不理想。这让我们同样也联想到新闻媒体中经常出现的一个"持续热点"问题——农民工讨薪问题。为什么一旦发生类似违反劳动基准的问题，劳动执法部门的力量还不如新闻媒体的报道？劳动监察效果不佳主要有以下几方面原因：首先，劳动标准不科学增加了劳动监察难度。例如，很多地方的最低工资标准不符合当地经济发展情况，导致用人单位执行时存在一定困难，为了降低用工成本，不得不实施变相减少工资或延长工作时间等违反劳动基准的行为。其次，劳动基准制度的执行仅靠劳动监察部门的监督检查，无法达到良好的效果。劳动监察部门毕竟能力有限，面对大量存在的劳动关系，往往不能面面俱到。应当充分发挥多方社会力量监督劳动基准制度的执行。而社会监督的最主要力量是工会。工会应该充分代表劳动者的利益，监督用人单位劳动基准的执行。而我国的工会力量较薄弱，无法真正代表劳动者主张利益。最后，有些地方政府为了当地经济利益，从而放任用人单位违反劳动基准法的行为。例如，对于"违规加班""无偿加班"这些侵犯劳动者的行为在一些知名企业已成为行规、惯例，而当地政府却视而不见。

解决劳动基准执行过程中存在的问题，应从以下几个方面着手：①完善劳动监察制度。应当通过强化劳动监察机构的权力来减少政府对劳动监察工作的干涉。可以尝试对劳动监察机构的管理机制进行改革，使劳动监察机构独立于地方政府机构，实行垂直管理，保证劳动监察权的实施。②充分发挥工会的力量，监督劳动基准的执行。③完善集体协商制度，保证劳动基准的执行。

（三）劳动基准法律救济问题

用人单位违反劳动基准法、侵犯劳动者合法利益的，不仅要承担公法责任，还要对劳动者承担私法上的责任。因此，对于违反劳动基准的行为，劳动者可以通过劳动监察途径向劳动行政部门投诉、举报，也可以通过劳动争议处理途径，申请劳动争议仲裁或提起诉讼。劳动监察是劳动行政机关监督检查用人单位遵守劳动法律法规的执法活动，劳动争议处理是劳动者与用人单位发生争议时，通过协商、调解、仲裁、诉讼等劳动争议处理途径解决争议的活动。对劳动者而言，劳动监察是公力救济方式，劳动争议处理是私力救济方式。劳动监察是对违反劳动基准的行为进行处理的行政行为，只能对违法行为进行处罚而不能解决用人单位违反劳动基准法对劳动者合法权益造成损害时的赔偿争议问题。劳动争议处理机构只能解决劳动争议而不能对违反劳动基准的行为进行处罚。但立法对两种程序同时适用时如何处理，并没有明确的规定。这就导致两种程序在使用时出现混乱的现象。另外，我国劳动争议处理程序采取"一裁两审"的模式，也导致争议解决的周期过长，成本太高。

因此，完善劳动基准法律救济制度，首先应当通过立法，明确劳动监察与劳动争议处理之间的关系，既要避免同时启动两个程序，造成司法与行政资源浪费，也不能剥夺当事人相关程序上的权利。同时改革劳动争议处理制度，缩短劳动争议处理周期。

第二节　工资法律问题研究

一、工资的概念及特征

工资，也称为"薪金"或"薪酬"，就是我们通常所说的劳动报酬，是劳动者提供劳动获得的补偿。由于工资的种类繁多，名目复杂，导致实践中对工资的概念及范围的界定存在一定的争议。我国《劳动法》并没有关于工资概念的明确规定，只是在 1995 年劳动部发布的《关于贯彻执行〈中华人民共和国劳动法〉若干问题的意见》中做了解释。该意见第 53 条规定，工资是指用人单位依据国家有关规定或劳动合同的约定，以货币形式直接支付给本单位劳动者的劳动报酬，一般包括计时工资、计件工资、奖金、津贴和补贴、延长工作时间的工资报酬以及特殊情况下支付的工资等。该意见还规定了不属于工资的劳动收入：①单位支付给劳动者个人的社会保险福利费用，如丧葬抚恤救济费、生活困难补助费、计划生育补贴等；②劳动保护方面的费用，如用人单位支付给劳动者的工作服、解毒剂、清凉饮料费用等；③按规定未列入工资总额的各种劳动报酬及其他劳动收入，如根据国家规定发放的创造发明奖、国家星火奖、自然科学奖、科学技术进步奖、合理化建议和技术改进奖、中华技能大奖等，以及稿费、讲课费、翻译费等。①

实践中，涉及工资纠纷时，对工资外延的界定不能仅凭劳动者取得的报酬的名称来判断，还要结合工资的法律特征。作为劳动法意义上的工资，具有以下几个方面的特征：

（1）工资是基于劳动关系对劳动者付出劳动给予的补偿。首先，工资是劳动者提供劳动的主要对价，向依法付出劳动的劳动者支付工资是用人单位的基本义务。其次，工资是用人单位基于劳动关系而产生的给付义务。实践中，劳动者与用人单位之间的关系并非都是劳动关系，如职工因入股获得的红利收入就不是基于劳动关系而产生的。

（2）工资的标准是事先规定的。一般情况下，劳动者从用人单位获得的工资数额是根据劳动合同约定确定的，用人单位内部工资水平是通过集体合同确定的，但劳动合同约定的工资数额和集体合同确定的工资水平都不得违反国家最低工资标准。

---

① 参见《关于贯彻执行〈中华人民共和国劳动法〉若干问题的意见》第 53 条，1995 年 8 月 4 日发布。

（3）工资的支付以劳动者提供的劳动数量和质量为依据。劳动者获得工资的前提条件是提供了符合法律规定和劳动合同约定的劳动，工资是对劳动者付出劳动的补偿，工资的数额多少也应当依据劳动者提供劳动的数量和质量确定。

（4）工资须以法定的货币形式支付。工资以货币的形式支付是世界各国通行的做法。劳动部 1994 年 12 月 6 日发布的《工资支付暂行规定》第 5 条明确规定："工资应当以法定货币支付。不得以实物及有价证券替代货币支付。"

二、工资立法的基本原则

工资立法的基本原则是贯穿工资法律制度的指导思想和基本准则。《劳动法》第 46 条规定了工资立法的基本原则："工资分配应当遵循按劳分配原则，实行同工同酬。工资水平在经济发展的基础上逐步提高。国家对工资总量实行宏观调控。"

（一）按劳分配原则

按劳分配的基本含义是指把劳动量作为个人消费品分配的主要标准，即根据劳动者提供的劳动数量和质量分配个人消费品，等量劳动领取等量报酬，多劳多得，少劳少得，不劳不得。按劳分配原则是社会主义制度下个人消费品分配的基本原则，由生产资料公有制所决定。[①] 劳动者享有平等参加社会劳动的权利，按照提供劳动的数量和质量获得劳动报酬。工资分配应当体现"按劳分配"的原则，在分配时要充分体现脑力劳动与体力劳动、复杂劳动与简单劳动、繁重劳动与非繁重劳动之间的差别，合理

---

① 　林嘉. 劳动法的原理体系与问题 ［M］. 北京：法律出版社，2016：298

制定单位内部与行业内部的工资分配与奖惩制度，充分调动劳动者的劳动积极性，保证劳动者劳动报酬权的实现。

由于经济发展或市场需求等情况，不同行业或企业的经营情况不同，尤其是新兴行业或市场需求度高的行业，工资水平可能高于其他行业或企业，行业之间或企业之间工资水平的差距是暂时存在的，随着市场行情的变化，这种差距会逐渐缩小，最终与其他行业或企业趋于一致。这种情况并未违反按劳分配原则。

（二）同工同酬原则

同工同酬原则的基本含义是指在同一分配单位中，从事同种类工作、同样熟练程度的劳动者，不分性别、年龄、民族、种族等，一律按照其等量劳动获得等量报酬。这就要求用人单位在工资分配过程中，对于从事相同工作、提供相同劳动的劳动者，在支付劳动报酬时同等对待。但这并不排斥用人单位对相同工作岗位上劳动熟练程度强的劳动者增加劳动报酬。

（三）在经济发展的基础上逐步提高工资水平的原则

这一原则的基本含义是：劳动者工资水平必须建立在经济发展的基础上，而且在劳动生产率提高之后，又必须提高工资水平。工资水平是指某一时期内，一定地域范围内劳动者平均工资的高低程度。[①] 劳动者的工资来源于生产创造的价值，是企业生产成本的重要组成部分，而生产决定分配，工资增长的速度不能超过生产效率提高的速度。因此，劳动者工资水平应当在经济发展的基础上逐步提高，工资水平增长的速度不能超越经济发展水平。只有这样，才能保证社会经济的稳定发展，劳动者的生活水平得到不断提高。

———————————

① 关怀，林嘉. 劳动与社会保障法学 [M]. 北京：法律出版社，2010：147

三、工资的分配

工资的分配是指如何确定单位或行业工资水平、工资分配方式、具体数额等问题。劳动关系当事人都依法享有工资分配权利。用人单位作为组织生产经营者，享有工资分配自主权，劳动者享有劳动报酬请求权。工资分配的过程，是当事人双方互相协调的过程。

（一）用人单位工资分配自主权

《劳动法》第 47 条规定："用人单位根据本单位的生产经营特点和经济效益，依法自主确定本单位的工资分配方式和工资水平。"用人单位享有工资分配自主权，可以自主确定本单位的工资水平；自主决定工资形式和分配办法；同时可以通过合法途径增薪。但是，任何权利的行使都是有界限的，既要受到法律法规的限制，又可能与其他权利产生冲突。在工资分配过程中，劳动者的劳动报酬请求权与用人单位工资分配自主权产生冲突，解决的方式就是集体协商。

（二）工资集体协商

工资集体协商是解决工资分配过程中用人单位分配自主权与劳动者劳动报酬请求权冲突的有效途径，具体是指职工代表与企业代表依法就用人单位内部工资分配相关事项进行平等协商，在协商一致的基础上签订工资集体协议的行为。《劳动法》第 33 条第 1 款规定："企业职工一方与企业可以就劳动报酬、工作时间、休息休假、劳动安全卫生、保险福利等事项，签订集体合同。"工资协议是集体劳动合同的一种，签订工资协议要按照集体合同签订的程序。依法订立的工资协议具有集体合同的效力，对企业和职工双方具有同等约束力。双方必须全面履行工协议规定的义务，任何一方不得擅自变更或解除工资协议。职工个人与企业订立的劳动合同中关于工资报酬的标准，不得低于工资协议规定的最低标准。

目前，我国工资集体协商制度主要存在以下问题：①工资集体协商立法不完善。1994年《劳动法》对集体合同作了专门规定，2000年劳动和社会保障部颁布了《工资集体协商试行办法》，2004年劳动和社会保障部制定了《集体合同规定》。随后，各地方也出台了有关工资协商的地方性法规、规章和规范性文件。但总体而言，关于工资集体协商的法律规定层次较低，立法体系不完善，制度设计存在诸多不足之处。②在工资集体协商过程中，工会的职能未能充分发挥。在集体协商过程中，劳动者与用人单位之间的地位不平等，用人单位享有对劳动者的用工管理权，话语权较大，处于优势地位。劳动者接受用人单位的管理，掌握的信息量较少，处于劣势地位。为了平衡集体协商双方力量，劳动者应当团结起来，依靠工会力量，才能改变这种力量不平衡的局面。工会应当充分发挥自身智能，代表职工参与工资集体协商，维护职工利益。但由于我国工会组织不够健全，工会力量较薄弱，未能充分发挥在工资集体协商中的作用。③劳动者与用人单位之间信息不对称，影响集体协商的效果。工资集体协商内容涉及企业的一些经营信息，这些信息掌握在用人单位手里。而用人单位往往对集体协商较为排斥，不愿将相关信息公开，造成集体协商的效果受到影响，工资集体协议无法发挥效力。

当前我国工资集体协商制度应当从以下几个方面完善：①完善集体协商立法，制定工资集体协商法，明确集体协商主体资格、集体协商程序、相关主体间权利义务关系、争议解决方式等内容。②健全工会组织，完善工会职能，使工会真正代表职工，维护职工利益。③增强劳动者民主参与意识，充分遵守和维护劳动者参与集体协商的权利。

四、我国的最低工资制度

(一) 最低工资的概念

最低工资是指劳动者在法定工作时间内提供正常劳动的前提下，其所在用人单位对劳动者应支付的最低劳动报酬。最低工资是用人单位支付给劳动者工资数额的下限。其中，"法定工作时间"是指按照国家立法规定的工作时间制度确定的工作时间。"正常劳动"是指劳动者按照法律规定和劳动合同约定提供了劳动。当然，国家法定休息日与休假日，以及法定工作时间内依法参加社会活动的期间，视为提供了正常劳动。我国最低工资标准有两种形式：月最低工资标准和小时最低工资标准。月最低工资标准适用于全日制就业劳动者，小时最低工资标准适用于非全日制就业劳动者。

最低工资包括工资的若干项目，但不包括劳动者特殊情况下额外获得的报酬。例如，按照劳动和社会保障部 2003 年发布的《最低工资规定》第 12 条的规定，最低工资不包括以下部分：①延长工作时间工资；②中班、夜班、高温、低温、井下、有毒有害等特殊工作环境、条件下的津贴；③法律、法规和国家规定的劳动者福利待遇等。

我国不实行全国统一最低工资标准，允许各地根据其具体情况确定。最低工资标准在国务院劳动行政主管部门的指导下，由省、自治区、直辖市人民政府会同工会、企业家协会研究确定，报国务院备案。各省、自治区、直辖市的最低工资标准由省级人民政府发布。

(二) 最低工资的法律效力

最低工资标准是国家干预劳动报酬分配的重要手段，具有强制效力，集体合同与劳动合同中规定的工资标准不得低于当地的最低工资标准；同时，劳动者提供了正常的劳动，用人单位支付的工资不得低于最低工资标准。用人单位向劳动者支付工资低于最低工资标准的，不仅要向劳动者承担私法上的责任，还要承担公法上的责任。《劳动法》第 91 条规定，用人单位低于当地最低工资标准支付劳动者工资的，劳动行政部门不仅可以责令其支付劳动者的工资报酬，还可以责令支付赔偿金。

（三）我国最低工资制度的完善

最低工资制度的目的是国家通过干预工资分配，保障劳动者获得的工资收入能够维持日常生活的必要支出，保障劳动者的生存权利。我国最低工资制度在实施过程中，并未达到良好的效果，以下两个问题需要进一步完善：

1. 最低工资立法问题

由于立法对最低工资的内涵规定不明确，导致各地规定在最低工资包含的项目内容上存在不一致的情况。例如，对于最低工资是否包含职工缴纳的社会保险费的问题，不同省份有不同的规定。很多企业从最低工资内涵的模糊规定入手，将对劳动者支付的各项补贴都纳入最低工资的范围，劳动者实际领取的工资往往低于最低工资标准。另外，随着用工形式的多样化，工资的形式也日趋多样化，目前我国立法规定的最低工资形式只有月最低工资标准和小时最低工资标准，难以适应劳动用工方式日趋灵活的发展趋势。因此，解决这些问题，完善最低工资立法，应当明确界定最低工资内涵，根据当前的用工方式，设计更加灵活的最低工资标准形式。

2. 最低工资制度的监管问题

对于最低工资标准执行的监督有两种途径：劳动行政部门监督和工会监督。由于最低工资标准关系到企业的用工成本，有些地方政府为了当地经济发展目标，往往放纵了用人单位违反最低工资标准行为。工会虽然也作为监督主体，但由于我国工会力量薄弱，无法更好地发挥监督职能。因此，应当加强劳动行政部门监督，可以建立专门的监督机构，独立于地方政府，专门行使监督职权。另外，强化工会的职能，使工会真正成为劳动者利益的代言人。

第三节 工作时间和休息休假制度法律问题研究

一、工作时间的概念与特征

我国立法并未对工作时间的概念作出明确规定，学界的观点也各不相同。例如，有观点认为，工作时间是指"职工根据法律的规定，在用人单位中用于完成本职工作的时间"。① 另有观点认为，"工作时间是指法律规定的劳动者在一昼夜或一周内从事生产或工作的时间，即劳动者每天应工作的时数或每周应工作的天数。"② 还有观点认为，"工作时间，是指劳动者在用人单位指挥或收一下为其提供劳动的时间。"③ 笔者认为，劳动法上的工作时间首先是法定的，其次是劳动者完成劳动合同约定工作任务的时间。因此，工作时间是指劳动者根据国家法律的规定，在一昼夜或一周之内，用于完成本职工作的时间。法律规定的劳动者在一昼夜内工作时数的总和称为工作日，一周之内工作日的总和称为工作周。工作时间是

---

① 黎建飞. 劳动法和社会保障法［M］. 北京：中国人民大学出版社，2007：153

② 关怀，林嘉. 劳动与社会保障法学［M］. 北京：法律出版社，2010：133

③ 刘俊. 劳动与社会保障法学［M］. 北京：高等教育出版社，2018

衡量劳动者劳动贡献大小的尺度，也是计付劳动报酬的依据。同时，工作时间又与劳动者的劳动力消耗以及整个社会的劳动力再生产密切相关。因此，国家根据劳动者的生理与健康状况，通过立法确定劳动者在正常状态下工作时间的标准，并根据劳动岗位的不同，规定了不同的工作时间类型及其适用条件，同时确定了劳动者一系列的权利与义务。从而保证了劳动者休息权的实现，以确保劳动者身心健康，并使之在劳动过程中和谐发展。

工作时间作为劳动法上一项重要的法律制度，具有以下特征：

（1）工作时间具有较强的法定性。工作时间的种类、适用对象以及延长工作时间的条件及其限制均由法律明确规定。用人单位安排劳动者工作，不得超过法律规定的最高工时标准，安排劳动者延长工作时间亦应与劳动者协商一致，并不得违反法律规定，侵害劳动者的合法权益。

（2）工作时间是实际工作时间与非实际工作时间的总和。工作时间不仅包括劳动者实际工作时间，也包括辅助工作时间，如生产或工作的准备时间、工作结束前的整理与交接时间、参加职业培训的时间等，还包括因用人单位的原因造成的等待工作任务的时间和根据法律规定视为工作的时间，如工间休息时间、劳动者依法参加社会劳动的时间等。

（3）工作时间制度要符合劳动者的自然生理规律。劳动者的劳动能力是受其生理状况影响的，劳动力消耗后需要一定的时间恢复。工作时间标准的制定要充分考虑劳动者的自然生理规律，以保护劳动者的身体健康为原则。既要能保证劳动者劳动任务的完成，又不能超越劳动者的身体承受能力。

（4）工作时间是劳动者履行劳动义务和确定劳动报酬的依据。劳动者按照法律规定或集体合同、劳动合同约定的时间履行劳动义务，用人单位按照劳动者在工作时间内提供劳动的数量和质量计发劳动报酬，同时为劳动者提供劳动条件和劳动保护。

二、工作时间立法的意义

关于劳动者工作时间的规定起源于 19 世纪的工业革命以后，是劳动法立法历史上最早的立法内容之一。被公认为现代劳动立法开端的 1802 年英国颁布的《学徒道德与健康法》就是以限制工作时间为主要内容的劳动立法。以立法形式限定劳动者的工作时间，保障劳动者的休息休假具有重要意义。

（1）有利于保护劳动者的健康权和休息权。在资本主义发展的初期，国家对经济发展采取"不干预"政策，资本家为了最大限度地追求剩余价值，千方百计地延长劳动者的工作时间。无限制地延长劳动者的劳动时间，严重损害了劳动者的身体健康和生命安全。各国的工人阶级为了保卫自身的生存权，为了争取工作时间立法，进行了不屈不挠的斗争。在强大的工人运动压力下，各国相继进行了限制工作时间的立法。工作时间立法对标准工作时间和最高工时作了具体规定，禁止任意延长工作时间。劳动者在规定的工作时间内提供劳动，在工余时间进行休息，劳逸结合，可以缓解劳动力消耗造成的疲劳，促进劳动力实现再生产。有利于保护劳动者的身体健康，实现劳动者的休息权。

（2）有利于提高劳动者的素质和劳动生产率。劳动者的劳动能力受到劳动者的生理特点的限制，工作时间越长，劳动者脑力、体力的消耗越大，对劳动能力的影响越大。科学地确定工作时间不仅有利于劳动者得到充分的休息，恢复劳动能力，还有利于调动劳动者的劳动积极性，使其更好地完成劳动任务。同时，劳动者有更多的时间进行学习、培训，更新知识，从而提高自己的文化素质和技术水平，提高劳动生产率。

（3）有利于劳动就业问题的解决。国家不仅可以通过工作时间立法规范用人单位的用工行为，还可以通过制定工作时间标准调节劳动力供需之间的矛盾。当社会存在的失业劳动者增多时，国家可以通过缩短工作时间的立法，为劳动者提供更多的工作岗位，缓解就业压力。

三、工作时间的界定问题

法律意义上的工作时间，既包括劳动者实际工作的时间，也包括与实际工作密切相关的工作时间。科学界定工作时间，不仅是计算劳动者提供劳动并支付劳动报酬的尺度，也是认定与提供劳动有关权利义务的基本依据，还是劳动者休息权的保障手段。2012 年人力资源和社会保障部公布的《特殊工时管理规定（征求意见稿）》，通过列举的方式规定了工作时间的类型。该意见稿第 26 条规定："本规定所称工作时间，是指作业时间、准备与结束时间、各类宽放时间和非劳动者个人原因造成的且劳动者处于待命状态的非生产工作时间、停工时间的总和。"但由于我国立法并未明确工作时间的内涵，实践中，出现与工作时间认定相关的疑难案件，往往无法提供明确的认定标准。尤其是随着劳动用工方式的灵活性发展趋势，劳动者的工作与生活日益交叉渗透，工作时间与非工作时间的边界日益模糊，对工作时间认定的难度也随之增大。由以上关于工作时间概念的分析可见，认定工作时间取决于劳动者提供劳动的时间与本职工作的关联性和是否受用人单位支配两个因素。判断法律意义上的工作时间应当结合以上因素确定。

（一）准备时间与结束时间的判断

准备时间与结束时间是指劳动者在工作开始前的准备和工作结束后的整理时间。例如，更换工作服的时间、早晚会时间等。根据《特殊工时管理规定（征求意见稿）》的规定，"准备与结束时间是指为加工产品、执行特定工作任务事前准备和事后结束工作所消耗的时间"。① 判断准备时间与结束时间是否为工作时间，应当结合两个方面的因素：①主观上讲，劳动者在该时间的行为应当有提供劳动、履行职责的目的。例如，更换工作服是为了从事本职工作。②劳动者在该时间的行为与本职工作有密切的关联性，或者是从事本职工作必不可少的组成部分。例如，下班后整理文件、工作总结等。如果不符合以上因素，不能认定为工作时间。

（二）待命时间的判断

待命时间是指劳动者在用人单位的要求下，处于随时能够工作的状态，如有需要，可以立即投入工作的时间。根据《特殊工时管理规定（征求意见稿）》的规定，非劳动者个人原因造成的且劳动者处于待命状态的非生产工作时间、停工时间属于法律意义上的工作时间。因此，判断待命时间，应结合"工作场所""工作内容""劳动者的注意义务"等因素。工作场所内的待命时间是指劳动者根据用人单位的安排在工作场所内或指定场所内待命的时间，包括备勤时间与值勤时间。备勤时间是指劳动者在连续性工作的间隙，没有实际从事工作，但随时准备投入工作的时间。这段时间，虽然劳动者未提供劳动，但因工作的性质必须以断续的方式履行，因此属于工作时间，如商场售货员等待顾客的时间等。值勤时间也称值班时间，是指劳动者根据用人单位的安排，基于安全、消防等需要，从事的与本职工作无关联的工作时间。工作场所外的待命时间是指劳动者在工作场所外处于随时准备接受工作任务的时间。工作场所外的待命时间劳动者自由支配程度较高，认定难度较大，应结合工作的性质与劳动者自由支配的程度加以认定。

---

① 参见《特殊工时管理规定（征求意见稿）》第26条。

四、工作时间的形式

关于工作时间的立法，是各国劳动法的重要内容之一。各国根据劳动者的生理特征，结合不同的劳动岗位的特点，规定了不同的工作时间形式。根据我国《劳动法》和《国务院关于修改〈国务院关于职工工作时间的规定〉的决定》，我国实行的工作时间的形式有以下几种。

（一）标准工作时间

标准工时形式是由国家法律统一规定的，在正常情况下，劳动者从事工作或劳动的时间。我国《劳动法》第 36 条规定："国家实行劳动者每日工作时间不超过八小时、平均每周工作时间不超过四十四小时的工时制度。"1995 年 3 月重新修订的《国务院关于职工工作时间的规定》对标准的工作时间做了重新限定，该规定第 3 条规定："职工每日工作 8 小时、每周工作 40 小时。"因此，在我国，标准工作时间为每日工作 8 小时、每周工作 40 小时。标准工作时间是计算其他种类工作时间的依据，如对实行计件工作的劳动者，用人单位应按每日工作 8 小时、每周工作 40 小时的工时制度，合理地确定劳动定额和计件报酬标准。标准工作时间适用于我国境内的一切机关、团体、企事业单位和其他组织的职工。

（二）非标准工作时间

非标准工时形式是指适用于特殊情形下，不同于标准工时制的工时形式。根据《劳动法》第 39 条的规定，企业因生产特点不能实行标准工作时间形式的，经劳动行政部门批准，可以实行其他工作和休息办法。非标准工时形式有以下几种类型：

1. 缩短工作时间

缩短工作时间是指法律规定的少于标准工作时间长度的工作时间，即在特殊条件下从事劳动或有特殊情况时，法律规定在保证完成生产和工作任务的前提下适当缩短工作时间。《国务院关于职工工作时间的规定》第4条规定："在特殊条件下从事劳动和有特殊情况，需要适当缩短工作时间的，按照国家有关规定执行。"目前我国已实行缩短工作日的劳动者主要有以下几类：

（1）从事矿山井下、高山、有毒有害、特别繁重体力劳动的劳动者。根据国家有关劳动法规的规定：①化工行业从事有毒有害作业的工人，根据生产的特点和条件分别实行"三工一休"制、每日工作6小时或7小时工作制和"定期轮流脱离接触"的工时制度；②煤矿井下作业实行四班6小时工作制；③纺织企业实行"四班三运转"制；④建筑、冶炼、地质勘探、森林采伐、装卸搬运等从事繁重体力劳动的行业，根据本行业的特点实行不同程度的缩短工作时间制。

（2）从事夜班工作的劳动者。夜班工作时间是指从本日22时到次日6时从事工作或劳动的时间。实行三班制的企业，从事夜班工作的劳动者，其日工作时间比标准工作日缩短1小时。

（3）在哺乳期工作的女职工。根据规定，哺乳不满1周岁婴儿的女职工，在每个工作日内有两次哺乳（含人工喂养）时间，每次30分钟。多胞胎生育的，每多哺乳一个婴儿，每次哺乳时间增加30分钟。女职工的哺乳时间和在本单位内往返途中的时间，算作劳动时间。

2. 不定时工作时间

不定时工作时间是指没有固定工作时间限制的工作时间制度，主要适用于一些因工作性质或工作条件不受标准工作时间限制的工作。不定时工作时间的基本特点是，劳动者每日工作时间有时长于标准工作时间，有时短于标准工作时间。根据原劳动部《关于企业实行不定时工作制和综合计算工时工作制的审批办法》（以下简称《审批办法》）的规定，企业对符合下列条件之一的职工，可以实行不定时工作制：①企业中的高级管理人员、外勤人员、推销人员、部分值班人员和其他因工作无法按标准工作时间衡量的职工；②企业中的长途运输人员、出租汽车司机和铁路、港口、仓库的部分装卸人员及因工作性质特殊、需机动作业的职工；③其他因生产特点、工作特殊需要或职责范围的关系，适合实行不定时工作制的职工。

企业实行不定时工作制的，应履行审批手续。根据《审批办法》的规定，中央直属企业实行不定时工作制的，要经国务院行业主管部门审核，报国务院劳动行政部门批准；地方企业实行不定时工作制的审批办法，由各省、自治区、直辖市人民政府劳动行政部门核定，报国务院劳动行政部门备案。经批准实行不定时工作制的职工，不受《劳动法》第41条规定的日延长工作时间标准和月延长工作时间标准的限制，但用人单位应采取弹性工作时间等适当的工作和休息方式，确保职工的休息休假权利和生产、工作任务的完成。实行不定时工作制的职工，其工作日长度超过标准工作日的，不算作延长工作时间，也不给予延长工作时间的工资报酬。

3. 综合计算工作时间

综合计算工作时间是指用人单位根据生产和工作的特点，分别采取以周、月、季、年等为周期综合计算劳动者工作时间的一种工时形式。企业实行综合计算工作时间后，其平均日工作时间和平均周工作时间应与法定标准工作时间基本相同。综合计算工作时间制度适用于符合以下条件之一的企业职工：①交通、铁路、邮电、水运、航空、渔业等行业中因工作性质特殊，需连续作业的职工；②地质及资源勘探、建筑、制盐、制糖、旅游等受季节和自然条件限制的行业的部分职工；③其他适合实行综合计算工时工作制的职工，如对于那些在市场竞争中，由于受外界因素的影响，生产任务不均衡的企业的部分职工，经劳动行政部门严格审批后，也可以参照综合计算工时的办法实施。根据《审批办法》的规定，实行综合计算工作时间制度的审批办法与实行不定时工作制度相同。企业在保障职工身体健康并听取职工意见的基础上，采用集中工作、集中休息、轮流调休、弹性工作时间等方式进行。确保职工的休息休假权利和生产、工作任务的完成。同时，各企业主管部门应积极创造条件尽可能使企业的生产任务均衡合理。

实行综合计算工时工作制的企业，在综合计算周期内，如果劳动者的实际工作时间总数超过该周期的法定标准工作时间总数，超过部分应视为延长工作时间。如果在整个综合计算工作时间周期内的实际工作时间总数不超过该周期的法定标准工作时间总数，只是该周期内的某一具体日（或周、月、年、季）超过法定标准工作时间，其超过部分不应视为延长工作时间。

4. 计件工作时间

计件工作时间是指以劳动者完成一定劳动定额为标准的工作时间。在目前企业的工作制度中，既有实行计时工作制的，也有实行计件工作制的。《劳动法》第 37 条规定："对实行计件工作的劳动者，用人单位应当根据本法第三十六条规定的工时制度合理确定其劳动定额和计件报酬标准。"实行计件工作制的用人单位，必须以劳动者在一个标准工作日或一个标准工作周的工作时间内能够完成的计件数量为标准，确定劳动者日或周的劳动定额。实行新的工时制度后，用人单位应既保证劳动者享受缩短工时的待遇，又尽量保证劳动者的计件工资收入不减少。如果适当调整劳动定额，在保证劳动者计件工资收入不降低的前提下，计件单价可以不做调整；如果调整劳动定额有困难，就应该考虑适当调整劳动者计件单价，以保证劳动者收入不减少。

五、休息休假制度概述

休息休假是指劳动者在国家规定的法定工作时间以外，免于履行劳动义务而自行支配的时间，即劳动者实现休息权的法定必要时间。

休息权是宪法规定的劳动者的基本权利之一，我国《劳动法》第38条规定："用人单位应当保证劳动者每周至少休息一日。"在我国，为了保证劳动者的休息权，国家规定了每天工作 8 小时、每周工作 40 小时的标准工作时间制度，以保障劳动者在工作中得到充分的休养。同时，国家还规定了休假制度以实现劳动者的休息权。休假制度是指劳动者根据国家和企事业单位的有关规定所享有的暂离工作岗位进行休息，同时继续领取这一阶段工资的制度。法律规定的休假包括每周两天的休息日、国家规定的节假日、职工根据规定享有的探亲假以及其他符合规定的休养等。劳动者休息权的实现不仅需要法律的强制保障，而且需要现实的物质基础。国家在发展生产的基础上，要不断地增加投入，完善劳动者休息和休养的设施，以真正实现劳动者的休息权利。

六、我国休息休假制度的内容

（一）休息时间的种类

1. 工间休息时间

工间休息时间是指单位工作时间内劳动者所享有的用以解除工作紧张状态的休息时间和满足自然生理需要的时间。一般是指工作过程中的短暂休息时间、午间休息、用膳以及如厕等时间。在我国，企事业单位要保证劳动者的工间休息，午休和用膳时间一般为 1~2 小时，特殊情况下不得少于半小时。工作不能中断的单位和企业，应保证职工在工作时间内有用膳和短暂休息时间。企事业单位应为职工提供休息的场所。工间操时间应算作职工的工作时间，但通常不得超过 20 分钟。

2. 工作日之间的休息时间

工作日之间的休息时间是指两个邻近工作日之间的休息时间，即一个工作日结束到下一个工作日开始前的一段时间，一般不少于 16 小时。这段时间职工可以自由支配，既可以用来学习提高自身素质和进行自我设计，也可以进行休闲娱乐丰富个人物质文化生活，但主要用来进行体力的恢复以保持健康并迎接以后的工作。实行"轮班制"的企事业单位，应合理安排工作时间以保证职工足够的休息时间。

3. 工作周之间的休息时间

工作周之间的休息时间又称公休假日，是指职工在完成整个一个工作周以后所享有的连续休息时间。它是每周的休息时间，以保障劳动者体力的恢复和精神的休养。在我国，法律保证职工在工作满一周以后享有一定的连续休息时间。公休假一般安排在星期六和星期天。由于生产和社会生活需要，不能在星期六和星期天安排休息的，可以安排职工在一周内轮流休息。自 1995 年起，国家机关、事业单位、社会团体实行标准工作时间制度，星期六和星期天为周休息日。条件不具备的企业、尚不能实行标准工作时间的事业单位，可以根据实际情况灵活安排周休息日。因公出差人员的公休假日，应在出差地点享受；因工作需要不能享受者，可以补休。

4. 法定节日

法定节日是指法律规定全体或部分公民所享有的用以开展庆祝纪念活动或参与政治活动以及用以娱乐休闲等的休息时间。法定节日包括全民节日和部分公民的节日；从来源上说，包括政治性节日、传统习惯性节日、职业性节日等。目前，属于全体公民享受的法定节假日有元旦、春节、清明节、劳动节、端午节、中秋节、国庆节。

（二）带薪年假制度的完善

年休假是工作满一定年限的劳动者每年享有保留本职工作并领取工资的连续休息时间。年休假制度在世界各国普遍施行。我国早在 20 世纪 50 年代初，曾一度试行每年给予职工 12 个工作日的带薪年休假制度，后来由于国家经济实力有限，政府财政难以承担而中断。改革开放以来，随着中国计划经济向社会主义市场经济转变，各种所有制经济得到巨大的发展，国家经济实力不断增强，发展福利制度的物质基础得到提高，国家机关、企事业单位逐渐实行职工带薪休假制度。我国《劳动法》第 45 条规定："国家实行带薪年休假制度。劳动者连续工作一年以上者，享受带薪年休假。" 2007 年 12 月 7 日国务院第 198 次常务会议通过《职工带薪年休假条例》，该条例于 2008 年 1 月 1 日起施行。2008 年 7 月 17 日，人力资源和社会保障部第 6 次部务会议通过《企业职工带薪年休假实施办法》，对年休假制度的执行做了进一步具体规定。

1. 年休假的适用范围

《职工带薪年休假条例》规定，机关、团体、企业、事业单位、民办非企业单位、有雇工的个体工商户等单位的职工连续工作 1 年以上的，享受带薪年休假。单位应当保证职工享受年休假。职工在年休假期间享受与正常工作期间相同的工资收入。年休假天数根据职工累计工作时间确定。职工在同一或者不同用人单位工作期间，以及依照法律、行政法规或者国务院规定视同工作期间，应当计为累计工作时间。

2. 年休假的天数

年休假制度是保障劳动者实现休息权的重要制度之一，目的是使提供社会劳动满一定时间的劳动者，获得一定的时间自由支配，来恢复体力与脑力，因此，享受年休假时间的长短与劳动者工作年限的长短密切联系。《职工带薪年休假条例》规定，职工累计工作已满 1 年不满 10 年的，年休假 5 天；已满 10 年不满 20 年的，年休假 10 天；已满 20 年的，年休假 15 天。国家法定休假日、休息日不计入年休假的假期。

职工有下列情形之一的，不享受当年的年休假：①职工依法享受寒暑假，其休假天数多于年休假天数的；②职工请事假累计 20 天以上且单位按照规定不扣工资的；③累计工作满 1 年不满 10 年的职工，请病假累计 2 个月以上的；④累计工作满 10 年不满 20 年的职工，请病假累计 3 个月以上的；⑤累计工作满 20 年以上的职工，请病假累计 4 个月以上的。

3. 不能执行年休假制度的补偿

单位确因工作需要不能安排职工休年休假的，经职工本人同意，可以不安排职工休年休假。对职工应休未休的年休假天数，单位应当按照该职工日工资收入的 300% 支付年休假工资报酬。

《职工带薪年休假条例》规定，年休假应当由单位根据生产、工作的具体情况，并考虑职工本人意愿，统筹安排职工年休假。年休假在一个年度内可以集中安排，也可以分段安排，一般不跨年度安排。单位因生产、工作特点确有必要跨年度安排职工年休假的，可以跨一个年度安排。

4. 年休假制度的完善

目前，我国年休假的执行情况不理想，劳动者年休假的利用率不高，应当从以下两方面进一步完善：①规定劳动者年休假的选择权与用人单位的催告义务。为了避免劳动者由于就业压力等原因不向用人单位主张休假权利，应当规定用人单位的催告义务及法律责任。②统一年休假年限，使得休假条件更加简化，利于执行。

七、延长工作时间的认定

(一) 延长工作时间的概念

延长工作时间是指劳动者的工作时间超过法律规定的工作时间。延长工作时间包括加班和加点。加班是指职工根据用人单位的要求，在法定节日或公休假日从事生产或工作。加点是指职工根据用人单位的要求，在法定工作日以外继续从事生产或工作。加班与加点都是对法定工作时间制度的延长，是对特定的工作时间和休息时间而言。

（二）限制延长工作时间的规定

为了保障劳动者的休息权利，立法规定了工作时间的上限，严格限制超过法定工作时间标准，延长劳动者的工作时间的行为，延长工作时间的工资支付标准要高于正常工作时间内的工资标准。关于延长工作时间的条件、程序与限制，我国《劳动法》第41条规定："用人单位由于生产经营需要，经与工会和劳动者协商后可以延长工作时间，一般每日不得超过一小时；因特殊原因需要延长工作时间的，在保障劳动者身体健康的条件下延长工作时间每日不得超过三小时，但是每月不得超过三十六小时。"由此可见，延长工作时间，不允许用人单位单方决定，也不允许劳动者与用人单位任意协商。一般情况下，延长劳动者工作时间应当符合以下规定：

（1）必须是生产经营需要。延长工作时间的原因必须是生产经营需要，至于"生产经营需要"的具体情形，我国立法并未明确规定。实践中，可以在集体合同中约定，或由劳动者与用人单位共同确定。

（2）必须与工会协商。工会有权对用人单位随意延长工作时间的行为予以纠正。用人单位需要延长工作时间时，必须征求工会的意见，工会可以审查用人单位延长工作时间是否符合法律规定。

（3）必须与劳动者协商。用人单位需要延长工作时间时，还应当与劳动者协商，征得劳动者的同意，不得强迫劳动。

（4）用人单位延长工作时间不得超过法定时数。根据《劳动法》的规定，用人单位延长工作时间每日不得超过1小时，特殊原因需要延长工作时间的，每日不得超过3小时，但每月不得超过36小时。

特殊情形下，如果出现了危及国家财产、集体财产和人民生命安全的紧急事件时，延长劳动者工作时间可以不受一般延长工作时间条件和法定时数的限制。根据《劳动法》第42条的规定，有下列情形之一的，延长工作时间不受第41条的限制：

（1）发生自然灾害、事故或者因其他原因，威胁劳动者生命健康和财产安全，需要紧急处理的。

（2）生产设备、交通运输线路、公共设施发生故障，影响生产和公众利益，必须及时抢修的。

（3）法律、行政法规规定的其他情形。《国务院〈关于职工工作时间的规定〉的实施办法》规定的其他情形包括：①在法定节日和公休假日内工作不能间断，必须连续生产、运输或者营业的；②必须利用法定节日或公休假日的停产期间进行设备检修、保养的；③为完成国防紧急任务的；④为完成国家下达的其他紧急生产任务的。

（三）延长工作时间认定的特殊问题

1. 不定时工作制延长工作时间的认定

不定时工作制由于没有固定工作时间的限制，工作时间与延长工作时间并未有明确的界限，实践中，关于实行不定时工作制的劳动者在休息日工作是否支付加班费，有一定争议。我国立法关于休息日有两种：一种是周休息日，如周六、周日；另一种是法定节日，如春节、国庆节等。一般而言，由于实行不定时工作制的岗位，工作性质比较灵活，并非全时提供劳动，周休息日工作往往不认定为加班。那么，法定节日提供劳动，是否认定为延长工作时间，支付加班费呢？司法实践中有两种观点：持肯定观点的有上海、湖南、重庆、深圳等地方；持否定观点的有北京、江苏、天津、山东等地。① 笔者认为，工作时间与休息休假制度的目的是保障劳动者的休息权，在一般的休息日安排劳动者工作，可以通过补休实现休息权，而法定节日是有重要意义或重要事件的纪念日，具有不可替代性，不能通过补休实现，法定节日安排劳动者工作，应当支付加班费。

2. 综合计算工作时间制延长工作时间的认定

综合计算工作时间制在综合计算周期内，轮流休息、轮流工作，劳动者的休息权得到实现，因此不受日工作时间和周工作时间最高限的限制。但是在综合计算周期内，如果劳动者的实际工作时间总数超过该周期的法定标准工作时间总数，超过部分应当视为延长工作时间。

---

① 沈同仙. 工作时间认定标准探析 [J]. 法学，2011（5）：140

第六章　劳动争议处理的法律问题

第一节　我国劳动争议处理制度概述

一、劳动争议概述

（一）劳动争议的概念界定

劳动争议的概念发端于 19 世纪英国的工业革命，当时资产阶级在劳动立法的过程中，提出了"劳动争议"的概念。我国自 20 世纪 20 年代国民政府颁布的《劳动争议处理法》开始，"劳动争议处理"一词沿用至今。"劳动争议"即是"劳动纠纷"，但在司法实践中，其他领域往往使用"纠纷"一词，如"民事纠纷""经济纠纷"等。而西方劳动法律制度相对发达的国家，在其长期形成的劳动关系调整机制中，也习惯使用"labor dispute"，而"dispute"是辩论、争论和争夺的意思。为何习惯使用"劳动争议"而不是"劳动纠纷"呢？根本原因在于劳动关系调整方式的特殊性与劳动争议处理程序的复杂性。劳动关系调整方式是公法与私法相结合的方式，劳动争议的处理方式也是公力救济与私力救济的有机结合，例如，解决劳动争议往往采取谈判、协商、对话的方式，结合冲裁与诉讼的方式。

关于劳动争议,我国立法并未给出明确的定义,学界有许多不同的解释。一种说法认为:"劳动争议,是指劳动关系的当事人因劳动问题引发的纠纷。"另有一种说法认为:劳动争议是"劳动关系双方当事人之间因执行劳动法规和国家有关劳动方面的政策而发生的争议"。还有一种说法认为:"劳动争议,是指劳动关系双方当事人之间因劳动权利和劳动义务所发生的争议。"以上说法是不同时期,我国学者对"劳动争议"的概念所做的概括,概念的表述都打上了时代的烙印。第一种说法中的"劳动问题"本身是一个宽泛的概念,不易界定,何况并非因劳动问题而发生的争议都是劳动争议,有些争议毫无利益关系,即使因劳动问题产生,也不是劳动争议。第二种说法提到国家法律法规和政策的执行问题,却未涉及当事人之间的争议,违反国家法律法规和政策的行为,未必会产生争议。由劳动争议本身的属性可以看出,首先劳动争议的主体是特定的,一方是劳动者,另一方是用人单位。如果争议的主体不是劳动者和用人单位,就不是劳动争议,例如,劳动者与职业介绍机构因求职发生的争议不是劳动争议。其次,争议产生的基础是劳动关系,即使是劳动者与用人单位之间的争议,如果争议产生的基础不是劳动关系,也不是劳动争议。例如,劳动者与用人单位之间因职工入股分红而发生的争议,不是劳动争议。最后,劳动争议的内容是特定的,围绕劳动权利与劳动义务。如果争议的内容不是围绕劳动关系,如劳动者与用人单位在住房改制过程中因住房转让而发生的争议,不是劳动争议。由以上分析可以看出,劳动争议是指劳动关系双方当事人因劳动的权利与义务引起的纠纷。具体指劳动者与用人单位之间,在劳动法的范围内,因适用国家法律、法规和订立、履行、变更、终止劳动合同以及其他与劳动关系直接相联系的问题而引起的纠纷。

（二）劳动争议的分类

1. 权利争议与利益争议

按争议标的不同，劳动争议分为权利争议和利益争议。权利争议是因为适用劳动法规和劳动合同所规定的条件而发生的争议。利益争议是因为制定或变更劳动条件而产生的争议。一般而言，权利争议通过调解、仲裁、诉讼等方式解决，而利益争议往往不能通过司法途径解决，而是在政府干预下由当事人双方协商解决。

2. 个体劳动争议和集体劳动争议

按争议的主体分类，劳动争议分为个体劳动争议和集体劳动争议。个体劳动争议是指单个劳动者和用人单位发生的争议。集体劳动争议是指工会或职工代表与用人单位或其团体就集体合同、集体劳动权利义务发生的争议。

二、我国劳动争议处理制度

劳动争议处理制度即劳动争议处理体系，是指由劳动争议处理的各种机构和方式在劳动争议处理过程中的各自地位和相互关系所构成的有机整体，劳动争议处理机制彰显的是劳动争议发生后的解决途径、解决机构和处理方法。①

劳动争议处理的方式由劳动关系的调整方式决定，劳动法对劳动关系的调整采取公法与私法相结合的方式，劳动争议的处理程序必然体现这一特征，既有私力救济的程序，又有私力与公力相结合的救济程序。自1993年实施的《中华人民共和国企业劳动争议处理条例》到1995年实施

---

① 董保华. 劳动争议处理法律制度研究［M］. 北京：中国劳动社会保障出版社，2008：7

的《劳动法》，再到 2008 年实施的《劳动争议调解仲裁法》，我国确立了以和解、调解、仲裁、诉讼为主要环节的劳动争议处理制度。

1. 和解制度

劳动争议和解制度是私力救济程序，劳动争议发生后，双方当事人之间自愿协商，在法律允许的范围内互相让步或一方让步，在没有第三者参加的情况下协商解决劳动争议。和解制度不借助第三方，是当事人自行解决争议的方式。由于和解是单纯的私力解决争议，没有法定程序的限制，也不是解决劳动争议的必经途径。

2. 调解制度

劳动争议调解指法定的调解组织，对用人单位与劳动者发生的争议，以法律法规为准绳，以民主协商的方式，促使双方当事人达成协议，消除纷争。调解制度是公力与私力相结合的救济程序，首先，调解程序开始的条件是当事人的自愿，如果当事人不愿选择调解，或在调解进行过程中，当事人达不成一致，调解程序无法进行下去。同时，在调解过程中，调解组织从中协调、说服，这种力量并不是当事人的自主意志。因此，调解是一种公力与私力相结合的争议解决方式。

3. 劳动争议仲裁

劳动争议仲裁是劳动争议仲裁机构对用人单位与劳动者之间发生的劳动争议，在查明事实、明确是非、分清责任的基础上，依法作出裁决的活动。在我国，劳动争议仲裁是处理劳动争议的必经途径。劳动争议仲裁委员会是法定的处理劳动争议的机构，不允许当事人自由选择仲裁机构，这是劳动仲裁区别于民事仲裁的主要方面。劳动仲裁委员会解决劳动争议，体现仲裁庭的意志，因此是公力救济方式。

4. 劳动争议诉讼

劳动争议诉讼是指劳动争议当事人不服劳动争议仲裁委员会的裁决，在规定的期限内向人民法院起诉，人民法院受理后，依法对劳动争议案件进行审理的活动。劳动争议诉讼程序是公力救济程序。

以上四种方式是解决劳动争议的主要方式，根据《劳动争议仲裁调解法》第 4 条与第 5 条的规定，发生劳动争议，劳动者可以与用人单位协商，也可以请工会或者第三方共同与用人单位协商，达成和解协议。当事人不愿协商、协商不成或者达成和解协议后不履行的，可以向调解组织申请调解；不愿调解、调解不成或者达成调解协议后不履行的，可以向劳动争议仲裁委员会申请仲裁；对仲裁裁决不服的，除本法另有规定的外，可以向人民法院提起诉讼。①

三、我国劳动争议受案范围相关问题

《劳动争议调解仲裁法》对我国劳动争议的受案范围以不完全列举的方式做了规定，根据该法第 2 条规定："中华人民共和国境内的用人单位与劳动者发生的下列劳动争议，适用本法：（一）因确认劳动关系发生的争议；（二）因订立、履行、变更、解除和终止劳动合同发生的争议；（三）因除名、辞退和辞职、离职发生的争议；（四）因工作时间、休息休假、社会保险、福利、培训以及劳动保护发生的争议；（五）因劳动报酬、工伤医疗费、经济补偿或者赔偿金等发生的争议；（六）法律、法规规定的其他劳动争议。"对劳动争议受案范围的界定是决定争议解决方式和适用程序的前提要件。实践中，随着劳动关系日趋复杂的发展趋势，劳动争议的表现形式也日益多样化，有些争议本身性质模糊，为司法实践中如何选择争议处理程序带来困难。关于劳动争议的受案范围，有一些问题存在较大争议。

---

① 参见《中华人民共和国劳动争议调解仲裁法》第 4 条、第 5 条。

（一）社会保险争议

社会保险争议是指劳动者与用人单位因社会保险权利义务而发生的争议。根据《劳动争议调解仲裁法》第 2 条的规定，因社会保险而发生的争议属于劳动争议的受案范围。但司法实践中，社会保险争议涉及多方主体，争议内容较为复杂。我国在社会保险领域立法较为分散，另外，我国社会保险制度长期处于改革过程中，国家与地方出台有大量政策规定，这就导致社会保险争议的受案范围存在很大争议。一是认为社会保险争议应当通过仲裁或诉讼方式解决，如《劳动争议调解仲裁法》第 2 条、《最高人民法院关于审理劳动争议案件适用法律若干问题的解释》第 1 条、《最高人民法院关于审理劳动争议案件适用法律若干问题的解释（二）》第 6 条等。二是认为社会保险争议不应由劳动仲裁机构和法院受理而应当由劳动行政部门处理，如《社会保险费征缴暂行条例》第 26 条规定："缴费单位逾期拒不缴纳社会保险费、滞纳金的，由劳动保障行政部门或者税务机关申请人民法院依法强制征缴。"三是认为劳动仲裁机构、法院只受理一部分社会保险争议，另一部分由行政部门处理。例如，《社会保险法》第 83 条规定："用人单位或者个人认为社会保险费征收机构的行为侵害自己合法权益的，可以依法申请行政复议或者提起行政诉讼。用人单位或者个人对社会保险经办机构不依法办理社会保险登记、核定社会保险费、支付社会保险待遇、办理社会保险转移接续手续或者侵害其他社会保险权益的行为，可以依法申请行政复议或者提起行政诉讼。个人与所在用人单位发生社会保险争议的，可以依法申请调解、仲裁，提起诉讼。用人单位侵害个人社会保险权益的，个人也可以要求社会保险行政部门或者社会保险费征收机构依法处理。"

笔者认为，解决以上关于社会保险争议案件的受案范围问题，应当根据社会保险争议本身的权利义务关系性质来确定争议的性质，从而确定受案范围的选择。社会保险关系主要涉及的主体有劳动者、用人单位、社会保险经办机构、社会保险行政机构等。社会保险争议主要有以下几类：第一类是社会保险费缴纳争议。这类争议主要包括办理社会保险登记、核定社会保险费、缴纳社会保险费等争议。这类争议涉及的主体有社会保险经办机构、用人单位、劳动者。其中社会保险费的核定、征收是社会保险经办机构的权力，核定和征收关系主要是社保经办机构与用人单位或劳动者之间的社保行政关系。因此，这类争议应当属于行政争议的范围，由社保行政机构处理或向法院提起行政诉讼。第二类是社会保险待遇给付争议。这类争议主要是指社会保险经办机构在向劳动者给付社会保险待遇时发生的争议。这类争议与社会保险费缴纳争议相同，属于行政争议。第三类是社会保险待遇争议。这类争议主要是指因用人单位没有办理社会保险登记、没有缴纳社保费或没有及时足额缴纳社保费等原因而导致劳动者无法享受社会保险待遇或无法足额享受社会保险待遇的争议。这类争议主要涉及用人单位需要履行的劳动合同义务，因此属于劳动争议的受案范围。

（二）退休人员再就业而与用人单位发生的争议

退休人员是指已经符合劳动法规定的退休年龄并已经依法享受养老保险待遇的劳动者。退休人员再次就业，与用人单位发生争议时，是否按照劳动争议处理呢？实践中有不同的观点：有的认为退休人员与再就业单位之间的关系是劳动关系，发生争议属于劳动争议；还有的认为退休人员与再就业单位之间的关系属于劳务关系，发生争议按照民事争议处理。对于该问题，《劳动法》与《劳动合同法》均未回应，《最高人民法院关于审理劳动争议案件适用法律若干问题的解释（三）》第7条规定："用人单位与其招用的已经依法享受养老保险待遇或领取退休金的人员发生用工争议，向人民法院提起诉讼的，人民法院应当按劳务关系处理。"按照该规定，退休享受养老保险待遇的劳动者再就业，按劳务关系处理。但是，对于符合退休年龄条件却并未享受养老保险待遇的劳动者再就业，是按劳动关系处理还是按劳务关系处理，并未规定。笔者认为，退出社会劳动领域不能仅考虑退休年龄，还要考虑劳动关系判断的实质性标准，退休劳动者虽然不符合劳动者的主体资格要件，但再就业时与用人单位之间的关系如果符合劳动关系的实质性要件，应当按照劳动关系处理。

第二节　劳动争议调解相关法律问题

一、劳动争议调解的概念与特征

劳动争议调解是第三方介入解决劳动争议的方式，具体是指法定的调解组织，对用人单位与劳动者发生的争议，以法律法规为准绳，以民主协商的方式，促使双方当事人达成协议，消除纷争。调解不同于和解，和解制度没有第三方介入，完全是当事人自行解决争议，调解不同于劳动仲裁和诉讼，仲裁和诉讼是裁判活动，而调解组织不作出裁决。《劳动争议调解仲裁法》实施后，我国法定的调解组织确定为三个：企业劳动争议调解委员会、依法设立的基层人民调解组织、在乡镇、街道设立的具有劳动争议调解职能的组织。

劳动争议调解的主要特点表现为以下两个方面：①自愿性。劳动争议调解是当事人自愿选择的程序，并非劳动争议处理的法定必经程序。"自愿性"表现为：劳动争议当事人申请调解自愿，一方不同意调解，无法进行调解程序；达成调解协议自愿，不得强迫当事人达成调解协议；同

时，尊重当事人申请仲裁的权利。《劳动争议调解仲裁法》第 14 条第 3
款规定："自劳动争议调解组织收到调解申请之日起十五日内未达成调解
协议的，当事人可以依法申请仲裁。"②简便灵活性。劳动争议调解程序
简便灵活，当事人申请调解的方式灵活，可以采取口头方式，也可以采取
书面方式。调解程序也简便灵活，没有固定模式，另外调解的周期较短，
收到调解申请之日起 15 日内未达成调解协议的，当事人可以依法申请
仲裁。

二、调解协议的法律效力

调解协议的效力是决定调解程序能否更好发挥作用的关键因素。《劳
动争议调解仲裁法》第 14 条规定："经调解达成协议的，应当制作调解
协议书。调解协议书由双方当事人签名或者盖章，经调解员签名并加盖调
解组织印章后生效，对双方当事人具有约束力，当事人应当履行。"然
而，调解协议的法律效力如何，一方不履行调解协议，另一方能否申请强
制执行？劳动争议调解虽然是第三方介入解决劳动争议的方式，但是第三
方调解组织发挥的作用是以民主说服的方式促成调解协议的达成，调解协
议仍是当事人在意思自治的基础上协商一致的结果。根据调解程序的性质
可以看出，调解协议并不具有强制执行力，其法律效力表现在以下几个
方面：

（1）调解协议具有合同的效力。虽然立法规定了调解协议对当事人
的约束力，但这种约束力来源于当事人的约定，仅具有合同的效力，却不
具有强制执行力。《最高人民法院关于审理劳动争议案件适用法律若干问
题的解释（二）》第 17 条规定："当事人在劳动争议调解委员会主持下
达成的具有劳动权利义务内容的调解协议，具有劳动合同的约束力，可以
作为人民法院裁判的根据。当事人在劳动争议调解委员会主持下仅就劳动

报酬争议达成调解协议，用人单位不履行调解协议确定的给付义务，劳动者直接向人民法院起诉的，人民法院可以按照普通民事纠纷受理。"由此可见，调解协议是当事人在协商一致的基础上达成的，劳动争议调解协议内容涉及劳动权利义务的，具有人身性和财产性相结合的特征，与劳动合同性质相同，具有劳动合同的效力。但若调解协议的内容仅涉及经济给付义务，例如劳动报酬争议，调解协议的性质就与民事合同相似，那么，此时就调解协议的履行发生争议的，可以按照民事纠纷处理。

（2）内容仅涉及经济利益的调解协议可申请支付令。如上文所述，调解协议内容仅涉及经济利益的，可视为民事合同。一方不履行调解协议所确定义务，符合支付令申请条件的，劳动者可持调解协议向人民法院申请支付令。《劳动争议调解仲裁法》第 16 条规定："因支付拖欠劳动报酬、工伤医疗费、经济补偿或者赔偿金事项达成调解协议，用人单位在协议约定期限内不履行的，劳动者可以持调解协议书依法向人民法院申请支付令。人民法院应当依法发出支付令。"支付令是人民法院依照督促程序，根据债权人的申请，向债务人发出的限期履行金钱或有价证券给付义务的法律文书。债务人在收到支付令之日起 15 日内不提出异议又不履行支付令的，债权人可以申请人民法院强制执行。支付令引入劳动争议处理制度，可以克服劳动争议"一裁两审"导致的争议处理周期过长的问题，使劳动者及时快速获得救济，有利于维护劳动者的合法权益。

（3）经仲裁审查的调解协议具有强制执行力。为了充分体现劳动争议调解程序的功能，使调解充分发挥应有的作用，实践中已开始尝试调解协议加固效力的方式。人力资源和社会保障部 2011 年通过的《企业劳动争议协商调解规定》第 27 条第 2 款规定："双方当事人可以自调解协议生效之日起 15 日内共同向仲裁委员会提出仲裁审查申请。仲裁委员会受理后，应当对调解协议进行审查，并根据《劳动人事争议仲裁办案规则》第五十四条规定，对程序和内容合法有效的调解协议，出具调解书。"由此可见，调解协议通过仲裁审查，由劳动仲裁机构出具调解书，调解书就具有了强制执行力。

第三节 劳动争议仲裁相关法律问题

一、劳动争议仲裁概述

（一）劳动争议仲裁的概念

仲裁也称公断，其基本含义是由一个公正的第三者对当事人之间的争议作出评断。劳动争议仲裁是劳动争议仲裁委员会对用人单位与劳动者之间发生的劳动争议居中审理，依法作出裁决的活动。在劳动争议处理机制中，仲裁是最重要的方式，有的国家实行自愿仲裁方式，即是否申请仲裁由劳动争议当事人自由决定；有的国家采取强制仲裁方式，即处理劳动争议必须经过仲裁环节。我国采取强制仲裁方式，劳动争议仲裁是我国处理劳动争议的必经程序。一般而言，不经过劳动仲裁，不能直接提起诉讼。

（二）劳动争议仲裁的特征

劳动争议仲裁具有以下特征：

（1）法定性。劳动争议仲裁是由法定仲裁机构按照法定程序处理劳动争议的方式。劳动争议仲裁机构不能由当事人自主选择，而是由法律明确规定。我国处理劳动争议的专门机构是劳动争议仲裁委员会。劳动争议仲裁委员会依法独立处理劳动争议，按照统筹规划、合理布局和适应实际需要的原则设立，不按行政区划层层设立。

（2）强制性。劳动争议仲裁不同于民商事仲裁，劳动仲裁程序的启动不需要当事人达成仲裁协议，只要一方当事人申请仲裁，另一方当事人必须参加仲裁，没有权利拒绝。

（3）前置性。劳动争议仲裁是我国处理劳动争议的必经程序，是诉讼的前置程序，不经过劳动争议仲裁，无法进入诉讼程序。

二、我国劳动争议仲裁制度内容

（一）劳动争议仲裁委员会

劳动争议仲裁委员会是依照法律规定设立的多方部门代表组成的独立行使仲裁权、处理劳动争议案件的专门机构。它是依法审理劳动争议案件，作出具有法律效力的调解和裁决，从而解决争议的法定机构。仲裁委员会通过依法处理劳动争议案件，维护劳动者和用人单位的合法权益，调整、平衡劳动关系，促进劳动关系的和谐稳定。

1. 仲裁委员会的设立

根据《劳动争议调解仲裁法》的规定，劳动争议仲裁委员会按照统筹规划、合理布局和适应实际需要的原则设立。省、自治区人民政府可以决定在市、县设立；直辖市人民政府可以决定在区、县设立。直辖市、设区的市也可以设立一个或者若干个劳动争议仲裁委员会。劳动争议仲裁委员会不按行政区划层层设立。

统筹规划是指人民政府对当地的经济发展水平状况、劳动关系运行情况、争议现状及发展趋势等情况在进行统筹分析的基础上，进行仲裁委员会的设立。

合理布局是指仲裁委员会的设立要结合用人单位分布情况、劳动者数量、争议数量、交通便利等因素合理布局。

适应实际需要是指在哪一级、哪一个地区设立仲裁委员会要从当地的具体情况出发，考虑劳动争议案发数量、方便当事人等实际情况，保证精简、效率、及时快速处理争议，体现实用性。

由此可见，仲裁委员会的设立应根据当地劳动争议处理工作的实际需要，统筹规划仲裁委员会的数量，本着精简、效率的要求，进行合理布局，有利于方便劳动者仲裁，将争议化解在基层，及时处理争议。

2. 仲裁委员会的组成

根据《劳动争议调解仲裁法》的规定，劳动争议仲裁委员会人员组成实行三方原则，由劳动行政部门代表、工会代表和企业方面代表组成。由于劳动争议仲裁委员会处理劳动争议案件通常需要作出裁决，而裁决案件时常需要表决，所以仲裁委员会的组成人数应当是单数，表决时实行少数服从多数的原则。

3. 劳动争议仲裁委员会的职责

劳动争议仲裁委员会依法履行以下职责：

（1）聘任、解聘专职或者兼职仲裁员。劳动争议仲裁委员会可以聘任符合条件的人员作为专职或兼职仲裁员，同时可以解聘专职或者兼职仲裁员。

（2）处理劳动争议案件。受理劳动争议案件是劳动争议仲裁委员会最重要的职责，对于依法应当受理的劳动争议案件不得拒绝受理。

（3）讨论重大或者疑难争议案件。对于重大疑难案件，仲裁庭裁决有困难的，可以交由劳动争议仲裁委员会讨论。

（4）对仲裁活动进行监督。劳动争议仲裁委员会依法对仲裁庭和仲裁员的仲裁活动进行监督，保证案件得到公正处理。

4. 劳动争议仲裁员和仲裁庭

仲裁员是由仲裁委员会依法聘任的从事劳动争议案件调解仲裁工作的专业人员，包括专职仲裁员和兼职仲裁员。专职仲裁员是仲裁委员会依法聘任的在仲裁委员会办事机构中专门从事劳动争议调解仲裁工作的专业人员。兼职仲裁员是仲裁员委员会根据办案工作需要，依法从人力资源和社会保障部门、工会组织、企业等相关机构的人员以及专家、学者、律师中聘任的兼职从事劳动争议案件调解仲裁工作的专业人员。专、兼职仲裁员在仲裁活动中享有同等的权利、承担同等的义务。

劳动争议仲裁委员会裁决劳动争议案件实行仲裁庭制。仲裁庭按照"一案一庭"原则组成。仲裁庭的组织形式分为合议制和独任制两种。合议制仲裁庭由 3 名仲裁员组成，其中设首席仲裁员 1 名，仲裁员 2 名，仲裁案件实行少数服从多数的原则。简单的劳动争议案件可以由 1 名仲裁员独任仲裁。

（二）劳动争议仲裁受理的条件

劳动争议仲裁受理的条件如下：

（1）当事人适格。劳动争议的当事人是指认为自己的合法权益受到侵害，要求通过劳动仲裁活动来维护自己合法权益的用人单位和劳动者，当事人包括申请人和被申请人。申请人应当与劳动争议有直接的利害关系，只有有直接的利害关系，才能以自己的名义申请仲裁，其他任何无直接利害关系人都不能作为申请人。同时，申请劳动争议仲裁要求有明确的被申请人。《劳动争议调解仲裁法》第 25 条规定："丧失或者部分丧失民事行为能力的劳动者，由其法定代理人代为参加仲裁活动；无法定代理人的，由劳动争议仲裁委员会为其指定代理人。劳动者死亡的，由其近亲属或者代理人参加仲裁活动。"《劳动人事争议仲裁办案规则》第 6 条规定："发生争议的用人单位未办理营业执照、被吊销营业执照营业执照到期继续经营、被责令关闭，被撤销以及用人单位解散、歇业，不能承担相关责任的，应当将用人单位和其出资人、开办单位或者主管部门作为共同当事人。"

（2）有明确的仲裁请求和事实理由。申请劳动争议仲裁，应当有明确的仲裁请求和事实理由，劳动争议仲裁机构在仲裁请求范围内审理劳动争议，进行调解或作出裁决。另外，申请人申请仲裁应当说明与仲裁请求相关的事实理由，便于仲裁机构查清事实，明辨是非。

（3）属于劳动争议受理的范围。当事人向劳动争议仲裁机构申请仲裁的争议，应当是劳动争议，对于其他争议，不属于劳动争议仲裁机构的管辖范围。

（4）受理劳动争议仲裁委员会有管辖权。根据《劳动争议调解仲裁法》的规定，劳动争议由劳动合同履行地或者用人单位所在地的劳动争议仲裁委员会管辖。双方当事人分别向劳动合同履行地和用人单位所在地的劳动争议仲裁委员会申请仲裁的，由劳动合同履行地的劳动争议仲裁委员会管辖。

（5）在法定的仲裁时效期间内。劳动仲裁时效是指在规定的期限内，劳动争议当事人不行使申诉权，申诉权因期满而归于消灭的制度。根据《劳动争议调解仲裁法》劳动争议申请仲裁的时效期间为一年。仲裁时效期间从当事人知道或者应当知道其权利被侵害之日起计算。劳动关系存续期间因拖欠劳动报酬发生争议，劳动者申请仲裁，不受仲裁时效期间的限制；但是，劳动关系终止的，应当自劳动关系终止之日起一年内提出。仲裁时效，因当事人一方向对方当事人主张权利，或者向有关部门请求权利救济，或者对方当事人同意履行义务而中断。从中断时起，仲裁时效期间重新计算。因不可抗力或者有其他正当理由，当事人不能在仲裁时效期间申请仲裁的，仲裁时效中止。从中止时效的原因消除之日起，仲裁时效期间继续计算。①

（三）劳动争议仲裁程序

我国劳动争议处理实行"仲裁前置"，仲裁是处理劳动争议法定的必经程序，一切劳动争议不经过劳动争议仲裁，人民法院不予受理，劳动争议仲裁具体程序如下。

1. 仲裁申请

劳动争议仲裁申请是指劳动争议一方当事人认为另一方当事人侵犯其合法权益，应当自知道或者应当知道其权利被侵害之日起一年内，依法向劳动争议仲裁机构提出申请，要求仲裁机构对劳动争议进行仲裁，以保护其合法权益。申请人申请仲裁应当提交书面仲裁申请，并按照被申请人人数提交副本。书写仲裁申请确有困难的，可以口头申请，由劳动争议仲裁委员会记入笔录，并告知对方当事人。

2. 受理

劳动争议仲裁委员会自收到仲裁申请之日起 5 日内，进行审查，对于符合受理条件的，应当受理，并向申请人出具受理通知书；认为不符合受理条件的，应当书面通知申请人不予受理，并说明理由。对劳动争议仲裁委员会不予受理或者逾期未作出决定的，申请人可以就该劳动争议事项向人民法院提起诉讼。

3. 仲裁前的准备

（1）组庭。劳动争议仲裁委员会裁决劳动争议案件实行仲裁庭制。仲裁庭由 3 名仲裁院组成，设首席仲裁员。简单劳动争议案件可以由 1 名仲裁员独任仲裁。仲裁委员会应当在受理仲裁申请之日起 5 日内组成仲裁庭并将仲裁庭的组成情况书面通知当事人。

---

① 参见《劳动争议调解仲裁法》第 27 条。

（2）回避。回避有自行回避与申请回避两种形式。根据《劳动争议调解仲裁法》的规定，仲裁员有下列情形之一，应当回避，当事人也有权以口头或者书面方式提出回避申请：①是本案当事人或者当事人、代理人的近亲属的；②与本案有利害关系的；③与本案当事人、代理人有其他关系，可能影响公正裁决的；④私自会见当事人、代理人，或者接受当事人、代理人的请客送礼的。

仲裁员是否回避，由仲裁委员会授权的办事机构负责人决定。仲裁委员会主任担任案件仲裁员是否回避由仲裁委员会决定。被申请回避的人员在仲裁委员会作出是否回避的决定前，应当暂停参与本案的处理，但因案件需要采取紧急措施的除外。

（3）送达和通知。仲裁委员会应当在受理仲裁申请后 5 日内将仲裁申请书副本送达被申请人。如果申请人符合口头申请的条件，仲裁委员会对申请人申请进行了记录，也应在 5 日内将有关笔录送达被申请人。

答辩是指被申请人对申请人请求事项所提出的抗辩意见。被申请人在收到仲裁申请书副本后，应当在 10 日内向仲裁委员会提交答辩书。答辩书应当按申请人人数提供副本。仲裁委员会收到答辩书后 5 日内将答辩书副本送达申请人。

仲裁庭应当在开庭 5 日前，将开庭日期、地点书面通知双方当事人。当事人有正当理由的，可以在开庭 3 日前请求延期开庭。是否延期由仲裁委员会根据实际情况决定。

4. 开庭审理

开庭审理是指在当事人和其他仲裁参与人的参加下，仲裁庭或独任仲裁员依照法定程序和形式，对当事人之间的争议进行全面审查并作出裁决的活动。开庭审理是整个仲裁活动的核心环节。开庭审理按照以下程序进行：正式开庭前，由书记员核查当事人身份，宣布仲裁庭纪律；宣布开庭、案由、仲裁庭组成，不公开审理的说明理由，告知当事人权利义务，询问当事人是否需要申请回避。随后进入仲裁庭调查阶段，当事人在仲裁过程中有权进行质证和辩论，质证和辩论终结时，首席仲裁员或者独任仲裁员应当征询当事人的最后意见。

5. 仲裁和解与调解

仲裁和解是指当事人在申请仲裁后裁决作出前，通过平等协商达成和解协议，解决纠纷，终结仲裁程序的活动。《劳动人事争议仲裁办案规则》第42条规定，当事人申请仲裁后，可以自行和解；达成和解协议的，可以撤回仲裁申请，也可以请求仲裁庭根据和解协议制作调解书。和解协议具有合同的效力，当事人应当履行，但不具有法律上的强制力，当事人可以申请仲裁庭根据和解协议制作调解书。

仲裁庭在作出裁决前，应当先行调解，即在查明事实、分清是非的基础上，促使双方当事人依法达成调解协议。调解达成协议的，仲裁庭应当制作调解书。调解书应当写明仲裁请求和当事人协议的结果。调解书由仲裁员签名，加盖劳动争议仲裁委员会印章，送达双方当事人。调解书经双方当事人签收后，发生法律效力。调解不成或者调解书送达前，一方当事人反悔的，仲裁庭应当及时作出裁决。

6. 仲裁裁决

仲裁庭对争议案件经过审理后，根据查明的事实和认定的证据，就双方当事人之间的权利义务作出裁决。仲裁庭裁决劳动争议案件，应当自仲裁委员会受理仲裁申请之日起45日内结束；案情复杂需要延期的，经仲裁委员会主任批准，可以延期并书面通知当事人，但延长期限不得超过15日。逾期未作出裁决的，当事人可以就该争议事项向人民法院起诉。

7. 裁决书

独任审理的仲裁案件，一般依照独任仲裁员的意见作出仲裁裁决。合议审理的仲裁案件，裁决应当按照多数仲裁员的意见作出，少数仲裁员的不同意见应当记入笔录。仲裁庭不能形成多数意见时，以首席仲裁员的意见作出裁决。

裁决书应当载明仲裁请求、争议事实、裁决理由、裁决结果和裁决日期。裁决书由仲裁员签名，加盖劳动争议仲裁委员会印章。对裁决持不同意见的仲裁员可以签名，也可以不签名。

三、劳动争议举证责任分配问题

（一）举证责任概述

举证责任，又称证明责任，是指当事人在诉讼程序中主张的案件事实提供证据的责任。当事人在诉讼中的举证义务是依法分配的，当事人有义务提供证据证明自己所主张的事实，当案件事实处于真伪不明状态时，负有举证义务的当事人承担不利于自己的诉讼后果。长期以来，在 2001 年《最高人民法院关于民事诉讼证据的若干规定》发布之前，我国劳动争议案件参照民事争议案件处理程序，在举证责任分配上也参照民事诉讼的举证规则，即"谁主张，谁举证"。然而，劳动争议毕竟不同于民事争议，在举证责任分配方面，有其不同于民事争议的特殊性。如果完全照搬民事纠纷处理的举证规则，会导致案件处理结果不利于劳动者，从而使劳动者的权益无法得到保护。

（二）劳动争议举证责任的特殊性

既然劳动关系不同于民事关系，劳动争议也有着不同于民事关系的特殊性。首先，民事关系主体之间的法律地位完全平等，体现在民事诉讼中举证责任的划分也本着当事人平等的原则，采取"谁主张，谁举证"的规则。然而，劳动关系主体的法律地位并非完全平等。在劳动关系建立时，虽然当事人法律地位平等，但是，在严峻的就业形势下，我国劳动力市场基本是买方市场，劳动者与用人单位在资金、信息占有量、社会资源等方面存在极大的差距。其次，在劳动关系运行过程中，劳动者处于被管理者的地位，用人单位在组织劳动者提供劳动过程中，不仅掌握生产经营有关的内部资料，还掌握劳动者的工资、人事、档案等资料。如果发生争议，劳动者很难得到相关证据资料。因此，在劳动争议举证责任分配时，如果仍然按照"谁主张，谁举证"的规则，必然导致的结果是劳动者无法获得相关证据而承担不利于自己的诉讼后果。

（三）我国劳动争议处理举证责任的分配

我国劳动争议处理举证责任制度经历了一个不断完善的发展历程，从最初的完全使用民事争议处理的举证规则，逐步朝着有利于劳动者保护的方向发展，形成了一套不同于民事争议处理的特殊举证规则。2001 年以前，我国法院和劳动争议仲裁庭在审理劳动争议案件时，普遍采用民事争议举证规则"谁主张，谁举证"。2001 年《最高人民法院关于民事诉讼证据的若干规定》出台之后，劳动争议处理举证规则开始发生了变化，其中第 6 条规定："在劳动争议纠纷案件中，因用人单位作出开除、除名、辞退、解除劳动合同、减少劳动报酬、计算劳动者工作年限等决定而发生劳动争议的，由用人单位负举证责任。"该规定确立了劳动争议处理新的举证规则，即在列举的情形下，举证责任发生转移，由用人单位承担举证责任，但是未列举到的情形，仍然采取"谁主张，谁举证"规则。这条规定虽然仅规定了部分情形下举证责任的转移，但在劳动争议处理证明责任的分配上考虑到劳动关系的特殊性，有利于劳动者权益的保护。2008年，《劳动争议调解仲裁法》实施后，确立了劳动争议证明责任的新规则。其中第 6 条规定："发生劳动争议，当事人对自己提出的主张，有责任提供证据。与争议事项有关的证据属于用人单位掌握管理的，用人单位应当提供；用人单位不提供的，应当承担不利后果。"第 39 条第 2 款规定："劳动者无法提供由用人单位掌握管理的与仲裁请求有关的证据，仲裁庭可以要求用人单位在指定期限内提供。用人单位在指定期限内不提供的，应当承担不利后果。"由此可见，在审理劳动争议案件时，一般情况下，采取"谁主张，谁举证"的规则，特殊情形下，即与仲裁请求有关的证据由用人单位掌握管理时，实行举证责任转移。这在一定程度上考虑到劳动争议的特殊性，有利于劳动者权益的保护。

四、"一裁终局"相关问题

我国劳动争议处理程序采取的是"仲裁前置"的模式，劳动争议必须经过劳动仲裁，才能进入诉讼环节，这无疑延长了劳动争议处理的周期。考虑到劳动争议的特殊性即处理劳动争议的专业性，劳动争议仲裁程序必不可少。但并非所有的劳动争议都必须适用"一裁两审"的程序，对于争议标的额较小，权利义务关系简单的劳动争议，为了缩短处理周期，快速及时解决劳动争议，立法对劳动争议仲裁制度做了进一步改造，增加了"一裁终局"的处理模式。

"一裁终局"是指仲裁庭对劳动争议案件进行审理后作出裁决，自裁决作出之日起发生法律效力，用人单位不得提起诉讼。"一裁终局"只能适用于争议标的额较小，权利义务关系简单的劳动争议。《劳动争议调解仲裁法》第47条规定："下列劳动争议，除本法另有规定的外，仲裁裁决为终局裁决，裁决书自作出之日起发生法律效力：（一）追索劳动报酬、工伤医疗费、经济补偿或者赔偿金，不超过当地月最低工资标准十二个月金额的争议；（二）因执行国家的劳动标准在工作时间、休息休假、社会保险等方面发生的争议。"劳动者对仲裁裁决不服的，可以自收到仲裁裁决书之日起15日内向人民法院提起诉讼。用人单位不得起诉，但用人单位享有撤销权。根据《劳动争议仲裁调解法》第49条的规定，用人单位有证据证明以上仲裁裁决有下列情形之一，可以自收到仲裁裁决书之日起 30 日内向劳动争议仲裁委员会所在地的中级人民法院申请撤销裁决：①适用法律、法规确有错误的；②劳动争议仲裁委员会无管辖权的；③违反法定程序的；④裁决所根据的证据是伪造的；⑤对方当事人隐瞒了足以影响公正裁决的证据的；⑥仲裁员在仲裁该案时有索贿受贿、徇私舞弊、枉法裁决行为的。人民法院经组成合议庭审查核实裁决有以上情形之一的，应当裁定撤销。仲裁裁决被人民法院裁定撤销的，当事人可以自收到裁定书之日起 15 日内就该劳动争议事项向人民法院提起诉讼。由此可见，"一裁终局"实际上只限制了用人单位的起诉权，并未限制劳动者的起诉权。

"一裁终局"制度一定程度上缩短了部分劳动争议处理程序的周期，有利于劳动者的权益得到及时保护，对于完善我国劳动争议处理制度有一定的意义。进一步完善该制度，可以从以下两方面着手：①扩大"一裁终局"的适用范围，例如争议不大的仅涉及经济给付义务的，同时争议标的额较小的，都可以适用"一裁终局"。②给予劳动争议当事人平等的地位，对于劳动者与用人单位都适用"一裁终局"，同时赋予当事人法定情形下申请撤销仲裁裁决的权利。

参 考 文 献

［1］史尚宽. 劳动法原论［M］. 北京：正大印书馆，1934.

［2］李长健. 论劳动关系的异化——兼论事实劳动关系与劳务关系的区别［J］. 华中农业大学学报（社会科学版），2004（4）：68-71.

［3］郭捷. 劳动法与社会保障法［M］. 北京：中国政法大学出版社，2009.

［4］周长征. 劳动法原理［M］. 北京：科学出版社，2004.

［5］王全兴. 劳动法［M］. 北京：法律出版社，2017.

［6］刘俊. 劳动与社会保障法学［M］. 2版. 北京：高等教育出版社，2018.

［7］林嘉，范围. 劳动关系法律调整模式论——从《劳动合同法》的视角解读［J］. 中国人民大学学报，2008，22（6）：107-115.

［8］林嘉. 劳动法的原理体系与问题［M］. 北京：法律出版社，2016.

［9］黄越钦. 劳动法新论［M］. 北京：中国政法大学出版社，2003.

［10］董保华. 论事实劳动关系［J］. 中国劳动，2004（7）：20-24.

［11］徐智华. 关于完善劳动合同立法的几个问题［J］. 中南财经政法大学学报，1999（1）：78-81.

［12］林嘉. 劳动合同若干法律问题研究［J］. 法学家，2003（6）：65-72.

［13］北京市劳动和社会保障法学会. 用人单位劳动争议前沿问题与实践［M］. 北京：法律出版社，2011.

［14］贾俊玲. 劳动法学［M］. 北京：北京大学出版社，2003.

［15］王全兴. 劳动法学［M］. 北京：高等教育出版社，2004.

［16］喻术红. 劳动合同法专论［M］. 武汉：武汉大学出版社，2009.

［17］沈同仙. 劳动法学［M］. 北京：北京大学出版社，2009.

［18］冯涛. 劳动合同法研究［M］. 北京：中国检察出版社，2008.

［19］王利明. 合同法研究［M］. 北京：中国人民大学出版社，2003.

[20] 孙国华. 中国特色社会主义法律体系研究——概念、理念、结构 [M]. 北京：中国民主法制出版社，2009.

[21] 郑尚元. 劳动合同法的制度与理念 [M]. 北京：中国政法大学出版社，2008.

[22] 关怀，林嘉. 劳动与社会保障法学 [M]. 北京：法律出版社，2010.

[23] 成曼丽，王全兴. 服务期的法律定性和法律后果 [J]. 中国劳动，2006（2）：34-37.

[24] 董保华. 中国劳动基准法的目标选择 [J]. 法学，2007（1）52-60.

[25] 沈同仙. 我国劳动基准法的实施现状及对策 [J]. 当代法学，2007，21（4）：84-89.

[26] 王全兴. 劳动合同立法争论中需要澄清的几个基本问题 [J]. 法学，2006（9）：19-28.

[27] 黎建飞. 劳动法和社会保障法 [M]. 北京：中国人民大学出版社，2007.

[28] 沈同仙. 工作时间认定标准探讨 [J]. 法学，2011（5）：140.

[29] 董保华. 劳动争议处理法律制度研究 [M]. 北京：中国劳动社会保障出版社，2008.

[30] 董保华. 实施劳动法疑难问题深度透视——十大热点事件之名家详解 [M]. 北京：法律出版社，2010.

[31] 叶静漪，周长征. 社会正义的十年探索——中国与国外劳动法制改革比较研究 [M]. 北京：北京大学出版社，2007.

[32] 董保华. 劳动力派遣 [M]. 北京：中国劳动社会保障出版社，2005.

[33] 姜颖. 劳动合同法论 [M]. 北京：法律出版社，2006.

[34] 王利明. 民法总则研究 [M]. 北京：中国人民大学出版社，2003.

[35] 王利明. 违约责任论 [M]. 北京：中国政法大学出版社，2003.

[36] 董保华. 劳动关系的法律调整机制 [M]. 上海：上海交通大学出版社，2003.